L'ANCIEN
ART BULGARE

ART ET ESTHÉTIQUE

Études publiées sous la direction de M. PIERRE MARCEL

Bogdan Filow

L'Ancien Art Bulgare

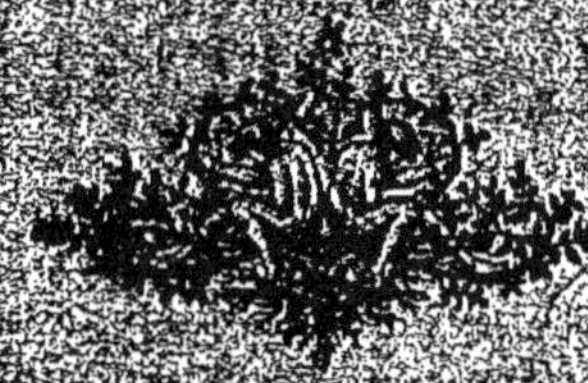

LIBRAIRIE FÉLIX ALCAN

L'ANCIEN
ART BULGARE

PAR

BOGDAN FILOW

Professeur à l'Université de Sofia.

PARIS

LIBRAIRIE FÉLIX ALCAN

108, BOULEVARD SAINT-GERMAIN, VI°

1922

1 et 2 : BAS-RELIEFS EN GRÈS ROUGE, PROVENANT DE STARA-ZAGORA
3 et 4 : PLAQUES D'UNE FRISE EN MARBRE PROVENANT DE DRÉNOVO

(VIIᵉ et VIIIᵉ siècles. — Sofia. Musée national.)

L'ANCIEN ART BULGARE

INTRODUCTION

Les savants qui ont étudié le passé du peuple bulgare se sont tous confinés presque exclusivement dans le domaine de ses destinées politiques. La fondation de l'Empire bulgare, ses luttes incessantes contre Byzance pendant le moyen âge, le mouvement national durant l'époque moderne, telles sont les questions les plus importantes à l'éclaircissement desquelles l'historiographie bulgare indigène et étrangère s'est en tout premier lieu consacrée. Par contre, la vie intime de la nation et ses conquêtes dans les sphères intellectuelles ont été examinées plus superficiellement. On reconnaît volontiers aux anciens bulgares des aptitudes politiques et des vertus guerrières, par le fait qu'ils ont réussi à grouper les populations slaves de la péninsule balkanique en un État vigoureux et viable et qu'ils ont pu se maintenir de la sorte malgré la prédominance numérique de Byzance. Mais on ne rend pas assez justice à leurs talents intellectuels. On considère à tort comme un fait acquis que les Bulgares ont reçu toute leur civilisation matérielle et morale des Byzantins dont ils se sont inspirés. Or, les premiers d'entre les peuples slaves, ils se sont créé une écriture qu'ils ont transmise aux autres Slaves, ce qui devrait suffire à prouver qu'ils ont également cherché dans le domaine intellectuel à maintenir de façon absolue leur indépendance et leurs caractéristiques nationales à l'égard des Byzantins. Encore les premiers d'entre les Slaves, ils ont institué une église nationale complètement autonome.

A côté de l'Empire byzantin, l'Etat bulgare a été longtemps la seule grande puissance de la péninsule des Balkans. Or, peut-on prétendre que les Bulgares auraient pu aussi longtemps se maintenir dans cette situation prééminente si elle n'avait reposé que sur la force des armes ? Cette situation n'était-elle pas plutôt le résultat des qualités intellectuelles et des énergies morales de la nation ? Les monuments artistiques de l'ancienne Bulgarie donnent à ces questions la réponse la plus éloquente et la plus concluante. En effet, on constate tout particulièrement dans ce domaine que l'ancienne civilisation bulgare avait atteint un haut degré d'indépendance, que les Bulgares, eux aussi, étaient capables de réaliser des progrès considérables dans les sphères purement idéales et qu'ils ont toujours joué un rôle capital dans la péninsule des Balkans non seulement au point de vue politique, mais aussi au point de vue intellectuel.

Des savants étrangers éminents ont signalé à plus d'une reprise la haute signification scientifique des monüments de l'art bulgare. Ainsi, Théodore Schmidt, l'historien bien connu de l'art russe, qui a vécu assez longtemps en Bulgarie et en a étudié à fond les monuments, s'est prononcé en ces termes : « Il ne s'agit nullement, en Bulgarie, d'un art byzantin provincial, mais bien plutôt d'un art qui n'a fait que subir l'influence de Constantinople, d'où il ne provient certainement pas et qui était si vigoureux et si foncièrement sain que, même sous la domination turque, il a continué à être magnifiquement florissant et à produire des œuvres importantes. »

Mais, les monuments de cet art sont si peu accessibles, qu'à l'étranger on les connaît à peine [1] et en Bulgarie aujourd'hui encore des recherches spéciales sur l'ancien art bulgare font presque entièrement défaut. En essayant de donner ici un aperçu général de l'activité artistique en Bulgarie pendant le moyen âge et l'époque de la domination turque, je dois me tenir, par conséquent, dans des limites très modestes et, vu les difficultés actuelles du sujet, j'espère obtenir l'indulgence des lecteurs à l'égard de ce petit livre, qui n'a pas la prétention de traiter la matière d'une manière épuisante, ni de donner des conclusions définitives.

---

1. On trouvera un grand nombre de monuments reproduits dans mon livre *L'ancien art bulgare*, Berne, Paul Haupt, 1919, in-4°, avec 58 planches, dont 10 en couleurs, et 72 figures dans le texte.

AMBON EN MARBRE DE SAINTE-SOPHIE D'OCHRIDA

(XIVᵉ siècle.)

CHAPITRE PREMIER

LES ORIGINES DE L'ART BULGARE

La situation géographique de la Bulgarie a exercé incontestablement une influence considérable sur le développement de l'art indigène. En effet, située entre l'Orient et l'Occident, en contact immédiat avec les centres les plus importants de la civilisation antique, facilement accessible aussi bien de l'Est, par la côte de la mer Noire, que du Sud, par celle de la mer Égée, la Bulgarie, depuis les temps les plus reculés, était un point de croisement de divers courants artistiques qui ont laissé une empreinte notable sur les monuments du pays.

Par les colonies grecques de la côte, l'art grec apparut de bonne heure en Bulgarie et ce furent précisément et surtout les produits de l'art ionien d'Asie Mineure qu'on introduisit dans le pays. Mais en même temps un art local était particulièrement florissant à l'intérieur du pays, art dont les adeptes étaient les anciens Thraces. Nous n'avons appris à connaître cet art de plus près que dans ces dernières années, grâce aux découvertes faites dans les tumuli de la Bulgarie méridionale, dont les monuments se trouvent actuellement conservés au Musée National de Sofia. Cet art a son style propre complètement distinct du style grec. Il rappelle les œuvres scythes de la Russie méridionale et se distingue par une prédilection marquée pour les reproductions d'animaux fantastiques et par ses tendances purement décoratives. En suite de l'influence que l'art thrace et l'art grec ont exercée l'un sur l'autre, on vit surgir en Bulgarie au cours des derniers siècles avant l'ère chrétienne, ces nombreux monuments dont les formes grecques cachent souvent une substance thrace.

Lorsqu'au début du premier siècle après Jésus-Christ, le pays devint province romaine, des éléments romains par l'intermède des légions romaines, s'immiscèrent dans l'art local et trouvèrent leur expression surtout dans la sculpture des monuments funéraires. Les pierres tombales façonnées très simplement au début s'ornementèrent de plus en plus au cours des temps. Vrilles et pampres occupent dans l'ornementation de ces monuments une place considérable. Cette activité artistique qui s'est déployée en milieu autochtone, bien que très fortement influencée par des modèles grecs et romains, a atteint son apogée au deuxième siècle de l'ère chrétienne. Les monuments de cette époque sont ceux qui se rapprochent le plus des formes dites classiques que l'art gréco-romain nous a rendues familières.

Par contre, dès le début du troisième siècle, apparaissent de nouveaux courants artistiques qui se distinguent par un réalisme plus prononcé reposant sur

une observation plus exacte de la nature. L'art local
commence à devenir « barbare », l'école antique s'ef-
face successivement et est peu à peu supplantée par un
art rustique, naïf et rude, qui finit par pénétrer jusque
dans les coins les plus reculés du pays. Ce phénomène
est sans doute en corrélation avec l'immigration crois-
sante de peuples étrangers au sud du Danube. Il est
vrai que dans les colonies grecques nous trouvons,
même à cette époque, des œuvres ayant un caractère
purement grec. Mais au point de vue de l'évolution de
l'art, ce sont précisément ces créations autochtones de
la décadence manifestant des inspirations tout à fait
hétérogènes qui ont la plus grande valeur. Elles dénotent
en effet une force de volonté, une vigueur morale qui
recèlent plus de germes d'une saine évolution que les
œuvres purement grecques contemporaines caractérisées
par une froide perfection académique. Tandis que celles-
ci ne sont autre chose que les derniers rayonnements
d'un grand passé, celles-là avec leurs figures raides mais
pleines de vie, avec les attitudes cérémonieuses, les
mouvements conventionnels et le dessin net de tous les
détails, sont déjà les précurseurs du futur style byzantin.

L'expansion du christianisme vint ouvrir à l'art de
nouvelles perspectives en lui donnant de nouveaux
problèmes à résoudre. Une série de cryptes à fresques,
découvertes en Bulgarie, principalement à Sofia, mais
aussi dans d'autres localités, témoignent du développement remarquable de la peinture sépulcrale au IVe siècle.

qui maintenant prend la place des anciennes pierres
tombales ornées de reliefs. Mais c'est surtout dans le
domaine de l'architecture que les nouvelles tendances
artistiques donnèrent leurs résultats les plus marquants.
Toute une série d'imposants édifices religieux érigés en
Bulgarie du IVe au VIIe siècle présentent une richesse
de formes vraiment surprenante[1]. A côté des basiliques
ordinaires à colonnes ou à piliers et à toitures plates
(Hissar-Bania, Mésembria, Bélovo, Gradsko), il existe
aussi des basiliques cruciformes à coupole (l'église Sainte-
Sophie à Sofia). La grande basilique voûtée de Pirdop,
en partie mise au jour tout récemment, présente en
outre une alternance rythmée de piliers et de colonnes,
caractéristique par excellence de l'architecture romane
de l'Occident. L'église complètement détruite de Klissé-
Kiöi, ainsi que celle connue sous le nom d' « église
rouge » à Pérouchtitsa, ont été construites d'après un
tout autre plan. La première, dont les fondations ont été
mises au jour par des fouilles, affecte la forme d'une
croix régulière, ainsi que c'est fréquemment le cas en
Asie Mineure, avec un vaste portique du côté de l'Ouest.
« L'église rouge » de Pérouchtitsa, avec ses conques
puissantes sur lesquelles reposait la coupole, est par
contre un édifice circulaire d'effet imposant, dont on
trouve les analogies immédiates en Arménie. Dans un
cas (à Tchoban-déré) nous rencontrons aussi l'abside
en forme de fer à cheval — sans doute le seul spéci-

1 B. Filow, *L'église Sainte-Sophie de Sofia* (en bulgare), Sofia,
1913, p. 137 et suivantes.

men du genre en Europe — tandis qu'une autre église
près de Varna, également mise au jour il y a peu de
temps, offre toutes les particularités des églises de l'époque vieux-chrétienne en Syrie. Ces exemples et d'autres
semblables prouvent que l'architecture religieuse de
l'époque vieux-chrétienne en Bulgarie a été considérablement influencée par l'architecture contemporaine de
l'Orient.

Ce court aperçu des divers courants artistiques pendant l'époque antérieure à la fondation de l'Empire
bulgare nous permet aussi de mieux comprendre l'évolution ultérieure de l'ancien art bulgare. L'intense activité artistique de la période pré-bulgare, activité que
nous pouvons suivre à travers plusieurs siècles, a créé
ici des traditions artistiques qui se sont fait sentir aussi
subséquemment.

***

On admet en général que l'Empire bulgare a été fondé
en 679, alors que le roi Asparoukh franchit le Danube
avec son peuple pour s'établir en territoire byzantin,
dans la Dobroudja actuelle. A la suite d'une série de
combats heureux, tout le pays compris entre le Danube
et les Balkans se trouva rapidement conquis. La population slave qui antérieurement déjà s'était installée
non seulement dans ces parages, mais encore dans toute
la péninsule des Balkans, fut aisément groupée par les
Bulgares en un seul Etat, qui eut désormais à faire ses

preuves au cours de combats incessants contre l'Empire byzantin.

Vu la pauvreté des sources de cette époque, ainsi que le mépris des écrivains byzantins pour les Bulgares, qu'ils considéraient comme un peuple absolument dénué de toute culture, il pourrait presque sembler téméraire de vouloir traiter de l'art bulgare d'alors. Cependant, les fouilles entreprises sur l'emplacement de la vieille capitale bulgare de Pliska, dans le voisinage du village d'Aboba au nord-est de la Bulgarie (arrondissement de Choumen) [1], permettent de constater que chez les Bulgares de jadis l'art n'était pas aussi négligé qu'on pourrait se l'imaginer. Ce qui frappe de prime abord, ce sont les deux grands édifices qu'il est convenu de désigner sous les noms de « grand » et de « petit palais ». Indépendamment du plan particulier, d'après lequel ils ont été exécutés, ils sont surtout remarquables par le genre de leur construction. Les murs étaient, du moins dans leurs parties inférieures, formés de grandes pierres de taille soigneusement raccordées et dont plusieurs assises sont demeurées intactes. Dans l'architecture ancienne de la Bulgarie, nous ne trouvons rien de semblable et les deux palais d'Aboba sont uniques en leur genre. A l'époque chrétienne primitive, on construisait dans le pays, surtout en briques — presque toutes les églises énumérées plus haut sont des constructions en briques — tandis qu'à l'époque romaine on

1. *Bulletin de l'Institut archéol. russe à Constantinople* (en russe), vol. X, 1905.

employait à côté de la brique principalement des moellons et, plus rarement, des pierres équarries comme revêtement des murs. Il y a lieu par conséquent d'admettre que l'imposante architecture en grandes pierres de taille, telle que nous la voyons à Aboba-Pliska, a été importée par les Bulgares et qu'elle doit être considérée comme caractéristique de leurs constructions les plus anciennes. Nous trouvons d'ailleurs des traces du même art de bâtir dans les capitales bulgares ultérieures de Preslav et de Tirnovo, mais seulement dans les parties les plus anciennes des forteresses. Une démonstration en règle des origines de cette architecture doit être réservée aux recherches futures. Nous devons seulement nous contenter de constater ici que cette architecture est complètement étrangère à la période pré-bulgare et qu'elle disparaît aussi totalement dans les époques bulgares ultérieures.

Les constructions d'Aboba ne sont d'ailleurs pas les seuls témoignages de l'activité édificatrice des anciens Bulgares. Le même sens visant au grandiose et à l'effet puissant se manifeste aussi dans de nombreuses colonnes monolithes trouvées à Aboba-Pliska, ainsi que dans ses environs immédiats, colonnes qui ont fréquemment plus de 6 mètres de hauteur. Elles portent presque toutes des inscriptions au nom du roi Omortag (814-831). La manière vraiment antique d'après laquelle le roi, à l'instar des monarques de l'ancien Orient, cherche à immortaliser par la pierre ses hauts faits, ainsi que la mémoire de ses compagnons, dénote un sentiment

élevé de sa valeur, une haute estime personnelle ainsi
qu'une forte dose de présomption résultant d'une puissance politique et morale considérable. Une des inscriptions relate entre autre la construction artistique d'un
pont et la décoration du palais avec deux lions en
bronze, placés entre les colonnes de l'édifice. On peut
en conclure que les Bulgares d'alors ne se conten-
taient pas seulement de constructions d'utilité générale,
mais qu'ils se souciaient encore de leur donner un
aspect artistique et qu'ils tenaient par conséquent l'art
en honneur plus que nous ne serions disposés à l'admettre
selon les rapports défavorables des écrivains byzantins
ou d'après les monuments qui ont subsisté jusqu'à nous

Les monuments bulgares les plus anciens, ainsi que
nous n'avons pu nous en rendre compte que dans ces
dernières années, montrent de façon générale que la
vieille civilisation bulgare, lors de sa première appari-
tion dans la péninsule des Balkans, était aussi autonome
que très développée. L'opinion généralement répandue
que les populations slaves de la péninsule étaient cul-
turellement supérieures à la population bulgare de
l'époque et que par suite elles l'ont très rapidement
absorbée, se révèle inexacte. Le fait que les Bulgares
ont si facilement pu grouper en un puissant État ces
populations fortement divisées, prouve, au contraire,
qu'ils possédaient non seulement une meilleure organi-
sation politique, mais encore qu'ils étaient matérielle-
ment plus civilisés, ainsi que l'indiquent les constructions les plus anciennes de la vieille Bulgarie.

L'ÉGLISE D'IVAN ASSEN II PRÈS DE STANIMAKA

(XIIIᵉ siècle.)

Cette civilisation bulgare est attestée aussi par des renseignements littéraires. Une chronique syrienne de 555, en énumérant les peuples païens entre la Méotide et la mer Caspienne, mentionne aussi une tribu bulgare, les Bourgârê, habitant dans le nord de Caucase qui, quoiqu'ils fussent des « barbares », possédaient néanmoins des « villes »[1]. C'est d'après les ruines d'Aboba-Pliska que nous pourrions nous faire une idée de ces villes des anciens Bulgares.

Les monuments de cette époque sont, il est vrai, très rares. C'est pourquoi le grand bas-relief taillé à une hauteur considérable dans une paroi de rochers à pic près du village de Madara, non loin d'Aboba, mérite d'autant plus d'attirer notre attention. Ce bas-relief, qui, d'après l'inscription qui y figure, provient du IXe siècle, représente un roi bulgare à cheval, accompagné de son chien, à la chasse. Le roi, à droite, dans une attitude tranquille, conduisant son cheval au pas et tournant la tête vers le spectateur, perce avec sa lance un lion qui se trouve sous le cheval.

Le bas-relief de Madara est un monument unique en son genre en Europe. On avait tort de croire pendant quelque temps qu'il représente le « cavalier thrace », le dieu principal des anciens Thraces, dont les monuments sont si nombreux en Bulgarie. Le costume, l'attitude, tous les détails de la composition sont tout à fait différents dans les deux cas. De plus, le « cavalier thrace » a

1. K. Ahrens et G. Krüger, *Die sogenannte Kirchengeschichte des Zacharias Rhetor*, Leipzig, 1899, p. 253.

comme arme toujours le javelot, et la lance ne se trouve pas une seule fois sur ces monuments. Si l'on veut établir des analogies avec le bas-relief de Madara, les plus immédiates qui s'imposent, tant au point de vue de la conception que de la composition et de l'exécution, sont les bas-reliefs sassanides sculptés sur les rochers en Perse. De sorte que ce monument, lui aussi, confirme ce que nous sommes disposés à admettre *a priori*, vu l'origine des Bulgares, à savoir que l'art bulgare le plus ancien est de provenance asiatique.

Dans cet ordre d'idées, il convient encore d'attirer l'attention sur les vases somptuaires en or, trouvés en 1799 à Nagy-Szent-Miklós en Hongrie, qui font partie du trésor connu sous le nom de « Trésor d'Attila »[1]. Ces vases, déposés au Musée de Vienne, portent en partie des inscriptions indéchiffrables et sont richement ornés de figures d'un style oriental bien prononcé, représentant des scènes symboliques et des animaux fantastiques. D'éminents savants autrichiens et hongrois, en étudiant ces vases de près, se sont persuadés qu'ils sont d'origine bulgare. Bien que cette explication soit pour le moment plutôt une présomption, il est incontestable que ces vases répondent réellement aux idées que nous nous faisons de l'art bulgare le plus ancien.

Le caractère bien nettement oriental de ses manifestations est le signe le plus distinctif de cet art. Dans ses monuments les plus anciens, se remarquent des par-

---

1. Jos. Hampel, *Die Alterthümer des frühen Mittelalters in Ungarn*, Braunschweig, 1905, vol. II, p. 401-423, pl. 288-319.

ticularités de style, ainsi que divers motifs qui rappellent directement l'Orient et ne peuvent pas être arrivés en Bulgarie par Byzance, mais qui ont plutôt été apportés par les anciens Bulgares de leur patrie primitive suivant les rives septentrionales de la mer Noire. Grâce aux recherches minutieuses de M. J. Strzygowski, nous avons commencé dans le dernier temps de mieux comprendre la haute importance de cette voie pour la migration des idées artistiques et pour l'influence de l'art de l'Asie sud-ouest sur l'Europe pendant les premiers siècles du moyen âge. Les monuments les plus anciens de l'art bulgare, rappelant directement des monuments asiatiques, sont encore indépendants de l'art byzantin, bien que l'influence byzantine n'ait pas tardé à se faire sentir. Cette influence s'affermit ensuite de plus en plus, mais le fond oriental des productions artistiques bulgares subsista. Sans entrer dans le détail, je me bornerai ici à signaler sommairement quelques-uns des plus anciens monuments qui font preuve de ces croisements de divers courants artistiques sur terre bulgare.

Je signale en premier lieu deux plaques en grès rouge découvertes près de Stara-Zagora, en Bulgarie méridionale, et qui datent du VIIe ou du VIIIe siècle (pl. I, 1 et 2). L'une représente un aigle bicéphale, l'autre un lion ; toutes deux sont encadrées simplement. Ces deux images exécutées en un relief à plat vivement découpé se rattachent techniquement plutôt à la sculpture sur bois qu'à la sculpture sur pierre. La stylisation extrêmement vigoureuse des animaux et la composition strictement symétrique de l'aigle sont des traits purement orientaux. Remarquons au surplus que l'aigle bicéphale passe pour être un produit de l'art antique de la Mésopotamie où nous le trouvons comme symbole de la ville Lagache. Ce n'est que beaucoup plus tard qu'il apparaît aussi à Byzance et se répand notamment à partir du xe siècle.

C'est aussi de Stara-Zagora que provient, à peu près de la même époque, un chapiteau en marbre représentant dans un style barbare un éléphant attaqué par un griffon. Ici encore, nous nous trouvons en présence d'un sujet singulier, qui est incontestablement d'origine orientale. Il est intéressant de constater encore, que le chapiteau de Stara-Zagora, qui se trouve maintenant au Musée National de Sofia, rappelle beaucoup par sa forme de dé les chapiteaux romans.

Mentionnons enfin les fragments d'une frise en marbre, encastrée dans la vieille église de Drénovo, près de Prilep en Macédoine. L'église a été soumise à une complète restauration au xive siècle. La frise, ainsi que d'autres fragments d'architecture encastrés dans l'église actuelle, appartiennent à un édifice beaucoup plus ancien. Sur l'une des plaques de la frise (pl. I, 4), on voit un griffon dont les ailes ne sont pas parallèles, comme dans les représentations habituelles de cet animal, mais dont l'une s'élève tandis que l'autre s'abaisse. Le même motif extraordinaire se retrouve dans le domaine de l'art oriental. Citons comme exemples un oiseau, représenté en relief sur la porte dite de Kharpoute à Amida (Diyarbékir en Mésopotamie), datant de 909-910, et

L'ÉGLISE DE SAINT-CLÉMENT A OCHRIDA, FAÇADE SUD

(Bâtie en 1295.)

un griffon d'une frise de l'église de Skripou en Béotie, datant de 873-874, édifice influencé également par l'art de la Mésopotamie. Quant à la seconde plaque de Drénovo (pl. I, 3), le lion couché à droite de la croix mérite avant tout de retenir notre attention. La tête étrangement contorsionnée de cet animal est un trait bien oriental, visiblement emprunté aux représentations d'animaux fantastiques de l'Orient.

Il serait facile de citer encore d'autres exemples semblables qui sont particulièrement caractéristiques de l'art bulgare le plus antique, tel qu'il apparaît en pays byzantin pendant les premiers siècles de l'Etat bulgare. C'est pourquoi des monuments de ce genre, ainsi que le bas-relief de Madara, méritent toute notre attention. Nous y trouvons la meilleure preuve pour l'origine asiatique de l'art bulgare le plus ancien, importé en Europe par les Bulgares de leur patrie primitive.

CHAPITRE II

ARCHITECTURE

Les fouilles d'Aboba-Pliska nous ont fourni des données très précieuses sur l'art de bâtir chez les anciens Bulgares de l'époque païenne. Malheureusement, les constructions que ces fouilles ont permis de dégager, sont dans un tel état de délabrement qu'il n'en reste plus que les fondements et la partie basse des murailles. Ainsi, est-il bien difficile de se faire une idée plus précise de l'aspect extérieur de ces constructions.

Nous en avons déjà cité les plus importantes, à savoir le « grand palais » et le « petit palais » qui datent du commencement du IXe siècle[1]. Ce sont deux constructions rectangles en pierres de taille, aux plans strictement réguliers, sans parties saillantes, orientés exactement vers le nord et l'est.

Le « grand palais », ayant des dimensions 52 mètres de longueur sur 26^m,50 de largeur, paraît avoir eu deux étages. A l'étage inférieur on voit une abside en hémicycle aux dimensions assez considérables (6^m,20 de largeur

1. *Bulletin de l'Institut archéologique russe à Constantinople,* X, 1905, p. 62 et suivantes.

sur 4^m,40 de profondeur), marquant probablement l'emplacement du trône. Cette abside est placée, à l'instar
de quelques basiliques païennes romaines, à l'intérieur
de l'édifice, au milieu du mur septentrional.

Presque tous les compartiments de l'édifice ont été
couverts de voûtes en berceau, construites en briques.
Les murs qui, à certains endroits, ont été plaqués de
marbre, ne présentent aucune moulure, ni ornement.
Les colonnes et les piliers font également défaut. A en
juger d'après les formes lourdes, les murailles épaisses
(de 1^m,60 à 2 mètres) et les surfaces entièrement unies,
il faut conclure que cet édifice porte un caractère purement oriental et diffère nettement des constructions
byzantines aux traits hellénistiques.

C'est aussi par la disposition intérieure que le « grand
palais » offre une similitude remarquable avec les palais
perso-sassanides (Hatra, Firousabad, Sarvistan). Leur
trait caractéristique est marqué par la grande salle
oblongue voûtée au milieu de l'édifice (connue sous le
nom de *iwan*), flanquée de deux compartiments étroits,
également voûtés, en forme de corridors. Ce sont précisément ces particularités-là que nous retrouvons aussi
dans le plan du « grand palais » à Aboba, à cette différence
près que ce dernier a, au centre de l'édifice, deux grandes
salles oblongues voûtées, au lieu d'une.

Le « petit palais » à Aboba, avec ses nombreuses
dépendances, est disposé, par analogie aux palais sassanides, dans une vaste cour rectangle, entourée de
fortes murailles. La construction principale, attenante

à la muraille septentrionale de l'enclos, mesure 22^m,90 de longueur sur 19 mètres de largeur. Elle a un plan plus compliqué où, cependant, apparaissent les mêmes éléments que dans le « grand palais ». L'édifice se compose de deux moitiés presque égales. Chacune de ces dernières a, au centre, une vaste salle oblongue, divisée en deux parties et flanquée d'étroits corridors voûtés. Le « petit palais » semble s'être terminé au faîte non par un toit en pente, mais par des terrasses découvertes.

Si, par conséquent, les constructions de l'époque païenne en Bulgarie conservaient encore leur caractère purement oriental, l'adoption officielle du christianisme par l'État bulgare en 864 renforce considérablement aussi l'influence de Byzance, notamment dans le domaine de l'art religieux. Sur la foi de sources littéraires, sous le règne encore du premier roi chrétien bulgare Boris (853-888), en Bulgarie ont été bâties sept cathédrales. Une d'elles se trouvait à Ochrida, une autre à Prespa, en Macédoine.

Malheureusement nous ne possédons aucun autre renseignement plus détaillé sur ces sept églises : on ne connaît ni leur emplacement exact, ni leurs dimensions, ni leur plan de construction. Mais les fouilles d'Aboba-Pliska ont permis de mettre à découvert les restes d'une grande basilique, dont les fondements seuls sont conservés et qui date certainement des premiers temps du christianisme en Bulgarie [1].

1. *Bulletin de l'Institut archéologique russe à Constantinople*, X, 1905, p. 104 et suivantes.

LE COUVENT DE SAINT-JEAN DE RILA

(Début du XIXᵉ siècle.)

C'est une église à trois nefs et trois absides, d'une longueur d'environ 49 mètres sur une largeur de 29, y compris le narthex. En outre, à l'ouest, il y a un atrium de 50 mètres d'étendue, de sorte que la longueur totale de toute la construction atteint presque 100 mètres. L'atrium n'a de portiques ouverts qu'au nord et au sud. Aux angles, il y avait vraisemblablement des tours carrées. Les nefs latérales de l'église proprement dite sont séparées de la nef principale par de lourds piliers, entre lesquels, à intervalles réguliers, s'élèvent des colonnes en marbre. C'est une disposition qu'on retrouve dans l'ancienne architecture chrétienne de l'Orient. Il n'y avait de galeries, semble-t-il, qu'au-dessus du narthex. L'édifice tout entier était vraisemblablement voûté. On a trouvé dans les ruines de la basilique plusieurs chapiteaux et quelques bases de colonnes. Ils ont tous des formes différentes, ce qui fait penser qu'on les a rapportés d'autres bâtiments détruits plus anciens.

La basilique se trouve en dehors de l'enceinte intérieure de la ville à une distance d'environ 1 kilomètre. L'époque de sa construction ne peut pas être établie avec certitude. Mais différentes raisons militent en faveur de la fin du IXe siècle ou du commencement du Xe. Elle doit par conséquent être une des plus vieilles églises que les Bulgares aient bâties après leur conversion officielle au christianisme.

*_**

Le premier Empire bulgare atteignit son apogée sous

le tsar Siméon le Grand (893-927). Elevé à Constantinople, Siméon n'était pas seulement un excellent général
et un homme d'Etat consommé, mais aussi un protecteur éclairé des arts et des sciences, et lui-même ne
dédaignait pas d'écrire. Sa résidence était Preslav en
Bulgarie du Nord-Est. Un écrivain bulgare d'alors,
Ivan Exarque, en traits sommaires mais caractéristiques, décrit cette ville et surtout la somptueuse magnificence de la Cour. Or et argent, pierres en couleurs,
marbre et cuivre, fresques et sculptures sur bois, étaient
prodigués et s'étalaient à profusion dans les différentes
salles du palais superbement décorées. De toute cette
magnificence, il n'est pour ainsi dire rien resté. Quelques
chapiteaux et des frises en marbre richement ornées,
ainsi · que d'autres fragments d'architecture moins
importants en rappellent seuls le souvenir. Les frises,
régulièrement réparties en champs quadrangulaires,
avec leurs ornements strictement symétriques et vigoureusement stylisés, d'une facture très pointée, évoquent
dans notre esprit des types orientaux. La croix qu'on
trouve sur une des plaques indique déjà des influences
byzantines qui s'affirment d'ailleurs dans l'ornementation de la frise. Cette ornementation conserve néanmoins en général le caractère oriental de l'art bulgare
le plus ancien.

C'est à cette époque que remonte l'établissement
d'un couvent dont les ruines ont été mises au jour
dans la région de Patleina, à 7 kilomètres au sud-est de
Preslav, au sommet d'une montagne recouverte d'une

épaisse forêt[1]. L'église, dont les murs se sont conservés
sous les éboulis presque dans leur hauteur primitive,
est de peu d'importance. Mais elle avait à l'origine à
l'intérieur un revêtement en plaques d'argile, vernissés
en couleur, qui sont une des plus importantes et des plus
surprenantes révélations de l'ancien art bulgare. Les
ornements, qui rappellent en partie les plaques en marbre de Preslav, sont peints en couleurs différentes (rouge,
jaune, vert, brun clair et foncé), le plus souvent sur fond
blanc. Dans quelques cas, ils sont aussi appliqués en
relief. Malheureusement, les diverses plaques sont tellement effritées qu'aucune d'elles ne peut être reconstituée
complètement. La plupart sont arquées et servaient de
revêtement à des moulures, qui vraisemblablement cou-
ronnaient les murailles. A côté d'éléments purement
ornementaux, empruntés au règne végétal, on trouve
sur elles encore des figures d'hommes et d'animaux. Le
grand buste d'un saint, apparemment saint Théodore,
qui se compose de quelques-unes de ces plaques, mérite
une mention particulière comme un monument unique
en son genre.

On a découvert également dans les ruines de Patleina
l'atelier où ces plaques ont été fabriquées, contenant du
verre fondu, des couleurs en poudre, etc. La provenance
locale des matières a été confirmée également par l'ana-
lyse de l'argile.

Les plaques d'argile vernissées de Patleina et l'emploi

1. *Bulletin de la Société archéologique bulgare* (en bulgare),
IV, 1915, p. 113 et suivantes.

qui en est fait rappellent les antiques monuments assyriens. Il est surprenant de voir combien la technique
est semblable dans les deux cas, quoique les monuments
assyriens et ceux de Patleina appartiennent à des époques
si éloignées. Comme l'on sait, le revêtement des murailles avec des plaques d'argile vernissées a été remis
en honneur plus tard par l'architecture de l'Islam, ce
qui nous autorise de considérer ce procédé comme une
coutume tout à fait orientale. En cela aussi, nous pouvons de nouveau constater l'étroite parenté de l'ancien
art bulgare et de l'art oriental.

*
* *

En l'an 963, par suite de querelles dynastiques, l'Empire bulgare se trouva partagé en deux moitiés autono-
mes. La moitié orientale tomba bientôt après d'abord
sous la domination russe et plus tard, soit en 971, sous
la domination byzantine. La moitié occidentale qui se
composait de la Macédoine, de l'Albanie, de la région
de la Morava et des environs de Vidine et de Sofia, a
gardé son indépendance sous les Chichmanides jusqu'en
l'année 1018. Pendant tout ce temps, qu'a rempli presque
en entier le règne long et mouvementé du tsar Samuel
(977-1014), le centre de gravité de la vie politique bulgare se maintint en Macédoine. C'est aussi dans cette
région que nous trouvons les monuments les plus importants de l'art bulgare d'alors.

L'esprit guerrier de l'époque se traduisit par la construction de nombreuses forteresses appelées à servir de point d'appui à la résistance contre la supériorité numérique de Byzance. Un des meilleurs types de ce genre d'architecture nous est fourni par la citadelle d'Ochrida, où le tsar Samuel avait momentanément transféré sa résidence. La porte principale, avec ses puissantes tours rondes, est encore fort bien conservée de nos jours. De même, la grande église consacrée à saint Achille, église que Samuel fit bâtir sur l'île du même nom du lac de Prespa, pour y conserver les reliques du saint, a échappé en partie également à la destruction [1]. C'est une basilique à piliers de plus de 40 mètres de longueur, avec trois nefs, trois absides et des galeries latérales. Elle dénote dans son ensemble une proche parenté avec la vieille basilique de Mésembria. L'abside principale, en partie ensevelie, ajourée de trois hautes fenêtres, était surtout d'un effet puissant. Des fresques qui décoraient autrefois l'intérieur de l'église, il ne reste plus aujourd'hui que des vestiges insignifiants. Une inscription, découverte et déchiffrée en son temps par des savants russes, inscription aujourd'hui presque complètement effacée, énumère les diocèses soumis à l'obédience du patriarche bulgare. Cette inscription confirme la supposition que l'église a réellement servi d'église patriarchale.

L'église Sainte-Sophie d'Ochrida — dont la partie occidentale, avec les tours latérales, ne date que de l'année 1317 — est, dans ses éléments les plus anciens,

1. *Bulletin de la Société archéologique bulgare*, I, 1910, p. 67 et suivantes.

également à peu près de la même époque. Dans tous les cas, le tsar Samuel a transféré de Prespa à Ochrida le siège du patriarchat en même temps que sa résidence, et il n'est pas impossible que l'église Sainte-Sophie ait été, elle aussi, construite pour servir d'église patriarchale, quoiqu'une source littéraire attribue sa construction à l'archevêque Léon d'Ochrida (1037-1056). C'est également une basilique voûtée à piliers, avec trois nefs et trois absides [1]. Elle offre sous plus d'un rapport des traits d'étroite parenté avec l'église de Sainte-Achille à Prespa, à cette exception près toutefois qu'elle est dépourvue de galeries latérales. Ayant été transformée plus tard en mosquée turque, sa disposition intérieure fut complètement modifiée. Des vestiges de son iconostase primitive en marbre n'ont été découverts que récemment. Ce sont de petits piliers quadrangulaires, enrichis de reliefs ornementaux, qui jadis séparaient les unes des autres les différentes images saintes de l'iconostase. Il existe encore d'autres plaques de marbre agrémentées de reliefs, plaques qui contribuaient aussi, primitivement, à l'ornementation de l'église, mais que les Turcs ont depuis lors enfouies dans le sol. De même, les fresques qui recouvraient toutes les parois de l'église avaient été badigeonnées à l'époque turque, mais ont été depuis peu remises partiellement au jour ; leur examen plus

1. *Bulletin de l'Institut archéologique russe à Constantinople*, IV, 1899, p. 86 et suivantes ; N. P. Kondakoff, *La Macédoine (voyage archéologique)*, Saint-Pétersbourg, 1909, p. 228 et suivantes ; G. Millet, *L'école grecque dans l'architecture byzantine*, Paris, 1916, p. 41 et suivantes.

approfondi fournira sans doute aussi des indications sur l'histoire de cette église.

Le mimbar turc, construit de différents fragments appartenant à la décoration primitive de l'église, mérite une attention particulière. Il se termine par un couronnement de marbre à quatre colonnettes formant baldaquin, très richement orné (pl. II), lequel a dû servir probablement à l'origine soit de ciborium, soit de chaire (ambon). Le motif principal du devant de ce baldaquin est constitué par deux oiseaux (paons) vigoureusement stylisés et symétriquement placés. Les autres côtés sont recouverts d'entrelacs de belle allure. La décoration est d'une exécution technique tout originale. Les ornements sont taillés à plat et les creux sont remplis d'une matière noire (*niello*), afin d'obtenir une surface unie ; les ornements qui sont en blanc se détachent alors sur fond noir de la manière la plus heureuse. On serait tenté d'attribuer encore au XIe ou au XIIe siècle ce travail bien oriental tant au point de vue de la technique qu'au point de vue de l'ornementation. Mais les monogrammes de l'archevêque Grégoire qui s'y trouvent apposés — cet archevêque est, paraît-il, le même qui fit construire la partie occidentale de l'église — montrent que l'œuvre ne remonte qu'au début du XIVe siècle.

Ce qui est particulièrement important à constater, c'est que dans les ruines des vieilles constructions bulgares d'Aboba, de Preslav et de Patleina datant du IXe et du Xe siècle, on a retrouvé des blocs de marbre semblablement ornés. Il s'agit donc bien ici d'un procédé courant de l'art bulgare le plus ancien, en harmonie parfaite avec les autres traits orientaux de celui-ci. Cette circonstance a une signification capitale pour le jugement à porter tant sur la chaire que sur les autres plaques ornées de Sainte-Sophie d'Ochrida ; elle atteste décidément leur caractère bulgare.

*
* *

La Bulgarie est restée sous la domination byzantine jusqu'en 1186. Ce n'est qu'après de rudes combats que les premiers Assénides, comme chefs du soulèvement bulgare, réussirent à restaurer l'Empire et à lui conserver son indépendance. Le gouvernement énergique d'une suite de souverains remarquables valut très rapidement à l'Etat de recouvrer sa puissance d'antan, si bien que, déjà sous le tsar Ivan Assen II (1218-1241), la Bulgarie était à l'apogée de son expansion. La capitale de l'Empire était à cette époque Tirnovo, ville fortifiée et cité d'origine des Assénides.

D'importantes innovations s'opérèrent à cette époque dans le domaine de l'art ; c'est une rupture éclatante d'avec les vieilles traditions qui s'ensuivit. La recherche de l'imposant, exprimée de façon si caractéristique dans les édifices du premier Empire bulgare, disparaît dans les créations du XIIIe et du XIVe siècle. On s'efforce maintenant, sous l'influence de l'art byzantin, de donner aux formes plus de finesse et de parvénir à une exécution plus soignée. On s'attarde volontiers sur les détails

LE CHRIST DISCUTANT AVEC LES DOCTEURS DE LA LOI

(Peinture murale de Boïana, datée de 1250.)

et on attribue fréquemment une grande valeur aux enjolivures. Par conséquent, l'ornementation est en particulier l'objet de développements très riches pour devenir finalement presque la chose principale. Les grandes constructions basilicales se rattachant à l'architecture chrétienne primitive, comme celle d'Aboba-Pliska, de Prespa et d'Ochrida, disparaissent à cette époque pour le plus souvent faire place à de petites églises cruciformes à coupole. Leur forme extérieure est caractérisée par deux voûtes en berceau, se coupant à angle droit. Au-dessus de l'intersection s'élève d'ordinaire la coupole reposant sur un tambour élevé. On bâtit beaucoup mais ordinairement de toutes petites églises. C'est ainsi, par exemple, que sur la colline fortifiée de Trapésitsa à Tirnovo, sur un espace extrêmement restreint, on n'a pas découvert moins de 17 églises provenant toutes du XIIIe et du XIVe siècle. A Mésembria, à Varoche près de Prilep et à Ochrida, même abondance de petites constructions.

On a beaucoup bâti à cette époque dans la nouvelle capitale de Tirnovo, qui, au cours de deux siècles, c'est-à-dire jusqu'à sa conquête par les Turcs en 1393, est demeurée le centre politique et intellectuel de l'Empire bulgare. La ville était, dans ses grandes lignes, bâtie sur deux hautes collines, Tsarévets et Trapésitsa, dont les pentes tombent à pic de tous côtés et sont séparées par les sinuosités du fleuve Iantra dont le cours à cet endroit affecte la forme d'un « S » et les enlace comme des presqu'îles. La citadelle elle-même, avec les bâtiments publics les plus importants, se trouvait sur le Tsarévets, la plus grande des deux collines, laquelle était fortement défendue. Trapésitsa avait aussi son mur d'enceinte. Dans la vallée, entre les deux collines, le long des deux rives du Iantra, s'étalait la ville basse. Des murailles de la forteresse il reste encore des parties importantes qui peuvent nous donner une idée suffisante de leur aspect primitif, ainsi que de leur architecture[1].

Il est beaucoup plus difficile de se représenter l'aspect des maisons bourgeoises d'alors. Il y a peu d'années, il subsistait dans la ville basse encore trois modestes maisons dont le style paraissait remonter au XIVe siècle. L'une d'entre elles qui, d'après l'inscription taillée au-dessus de la porte, était connue sous le nom de maison de « Dame Boïka », était particulièrement intéressante. Malheureusement, toutes ces maisons ont été complètement détruites par le violent tremblement de terre de 1913. Mais dans le bourg voisin d'Arbanassi, nous trouvons encore quelques maisons semblables qui, bien que d'une époque ultérieure, ont fidèlement gardé le type primitif. Le rez-de-chaussée où l'on pénètre par une grande porte n'a pas de fenêtres et sert d'ordinaire de cave. Une deuxième grande porte mène par un escalier en bois à l'étage supérieur où se trouve l'habitation proprement dite. Les chambres ont de minuscules fenêtres en petit nombre et à arceaux à leur partie supérieure.

L'architecture religieuse est beaucoup plus richement

1. *Bulletin de la Société archéologique bulgare*, I, 1910, p. 127 et suivantes.

représentée. A Tirnovo même, il convient de signaler
tout d'abord l'église de Saint-Dimitri, qui, d'après les
témoignages contemporains, aurait été bâtie en 1186 par
les premiers Assénides. Il ne reste plus aujourd'hui que
la partie orientale de la construction primitive avec
l'abside. Plus importante était l'église des « Quarante-
Martyrs » qu'Ivan Assen II (1218-1241) avait édifiée [1].
Elle a été tellement modifiée et défigurée ultérieurement
qu'une reconstitution de sa forme première est impossible sans des mises au jour préalables. C'était dans tous
les cas une église en forme de basilique avec colonnes
monolithes, en partie tirées des ruines d'Aboba-Pliska.
On trouve aussi des pièces antiques encastrées dans
l'église. Les chapiteaux en marbre, lesquels servent maintenant de bases aux piliers en bois du parvis ouvert qui
fut annexé à la façade nord de l'église, lors de sa trans-
formation en mosquée, reposaient primitivement sur
des colonnes à l'intérieur de l'église. Ils affectent, à côté
de formes byzantines, aussi des formes de la basse époque
antique et proviennent de constructions plus anciennes [2].

L'église des Saints-Pierre-et-Paul à Tirnovo, avec
son intérieur pittoresque, était, il y a peu de temps
encore, un des monuments artistiques les mieux conservés de la Bulgarie [3]. Malheureusement le tremblement

1. Ouspenski, *Bulletin de l'Institut archéologique russe à
Constantinople*, VII, 1902, p. 1 et suivantes.
2. Jos. Strzygowski, *Byzantinisch-neugriechische Jahrbü-
cher*, I, 1920, p. 17 et suivantes.
3. Ouspenski, *Bulletin de l'Institut archéologique russe à
Constantinople*, VII, 1902, p. 11 et suivantes.

de terre de 1913 a aussi presque complètement détruit cette église. Elle date du XIVe siècle et constitue avec sa coupole, reposant sur quatre colonnes, le type classique de cette époque d'une église cruciforme à coupole. Deux des chapiteaux, ornés de feuilles d'acanthes, à relief profondément découpé, grâce à l'excellence de l'exécution, méritent de retenir particulièrement l'attention et rappellent les chapiteaux de Preslav. Mais ils ont été tirés également des ruines de constructions plus anciennes datant du Xe ou du XIe siècle.

Ainsi que le montrent déjà les trois églises mentionnées de Tirnovo, l'effort des architectes d'alors visait moins à en imposer par de grandes proportions qu'à captiver par une ornementation intérieure et extérieure aussi riche que possible et par une soigneuse exécution des détails. La décoration intérieure était confiée à la peinture, à la mosaïque et à la sculpture sur bois. Pour l'extérieur, on tirait parti surtout des matériaux appropriés, en employant alternativement de petites pierres à parement régulier et des briques rouges. Par la différence des couleurs et la variété des matériaux, on obtenait de beaux effets décoratifs. Parfois, on avait recours aussi à différentes sortes de pierres pour multiplier les couleurs et les briques étaient placées entre les pierres, à la façon d'une mosaïque (pl. III et IV). Tirnovo ne nous offre pas, il est vrai, de bons exemples de cette manière de procéder, mais nous la trouvons appliquée de façon extrêmement artistique dans les églises de Mésembria. L'église Saint-Jean-du-Port dans cette ville est notam-

SAINT PIERRE ET SAINT PAUL

(Peinture murale de l'église des Saints-Pierre-et-Paul à Tirnovo ; XIVᵉ siècle.)

ment un magnifique modèle de cette architecture. Elle offre une richesse d'éléments décoratifs obtenus au moyen de briques et de pierres qu'on ne retrouve nulle part à un si haut degré dans aucun monument de Bulgarie.

Les églises de Tirnovo nous offrent par contre une autre particularité, à savoir l'emploi de petits cylindres d'argile portant, sur l'un des bouts, un petit disque ou une rosette vernissés en vert ou en jaune. Ces cylindres, qui servaient également à la décoration des murs extérieurs, étaient d'ordinaire encastrés en arc au-dessus des fenêtres ou des niches, de telle façon que l'on n'en voyait que l'extrémité vernissée. C'est également dans une intention décorative que furent ménagées dans les murs extérieurs une série de niches peu profondes, destinées à rompre la monotonie des grandes surfaces nues (pl. III).

Nous retrouvons les mêmes traits caractéristiques dans les autres constructions religieuses du XIIIe et du XIVe siècle en Bulgarie. Comme il serait oiseux d'en donner ici une énumération complète, nous devons nous borner à n'en citer que quelques exemples particulièrement intéressants. Il convient de mentionner en premier lieu l'église de la forteresse bâtie par Ivan Assen II sur un sommet élevé près de Stanimaka au sud de Philippople, église connue sous le nom de son fondateur (pl. III). C'est le type d'une église sépulcrale — genre que l'on retrouve ailleurs en Bulgarie (Boïana, Batchkovo) — qui n'était pas destinée au service divin de la communauté, mais devait principalement servir de tombeau aux membres de familles nobles. L'église a deux étages ; l'étage inférieur, employé comme crypte, et pour cette raison dépourvu de fenêtres, est directement accessible du dehors par une porte sur la façade ouest. L'église proprement dite, située à l'étage supérieur, ne communique pas directement avec la crypte. Un perron en bois annexé à la façade sud y mène. On comprend que les églises de ce genre ne puissent être que de proportions très réduites.

Si nous passons en revue les édifices religieux de la même époque dans les régions de la Bulgarie occidentale, c'est avant tout Ochrida qui s'impose à notre attention. Ce que Tirnovo est pour l'est de la Bulgarie, Ochrida l'est pour la Bulgarie de l'ouest, à savoir pour la Macédoine. Nous avons vu que le tsar Samuel y avait transféré momentanément sa résidence et le siège du patriarcat. Mais ces circonstances purement extérieures n'eurent en elles-mêmes pas de conséquences particulières pour les destinées ultérieures de la ville. Sa grande importance pour la vie intellectuelle des Bulgares découle d'autres motifs. Ochrida et ses environs ont été le théâtre de l'activité de deux hommes marquants de l'époque de l'expansion du christianisme en Bulgarie, à savoir Clément († 916) et son contemporain Naoum, l'un et l'autre révérés comme des saints par l'Eglise bulgare. Ils étaient du nombre des disciples immédiats des saints frères Cyrille et Méthode. A la mort de ce dernier, en 885, ils se rendirent de Moravie en Bulgarie à la cour

du tsar Boris qui les envoya en Macédoine pour y affer-
mir la doctrine nouvelle parmi les Bulgares du pays
Le grand prestige que Clément et Naoum surent acquérir
par leur activité extraordinairement fructueuse dans le
domaine de l'éducation religieuse et morale du peuple,
ainsi que les services qu'ils ont rendus au développement et à l'expansion de la littérature et de l'écriture
bulgares exercèrent une influence durable et firent
d'Ochrida une ville sainte pour les Bulgares. Son importance à ce titre s'accrût encore à la fin du xe siècle
par la fondation du patriarcat d'Ochrida lequel subsista
même après la conquête de la Bulgarie par les Turcs,
car il ne fut supprimé qu'en 1767. De telle façon, pendant près de dix siècles, Ochrida a été le centre le plus
important de la Macédoine pour la vie intellectuelle et
religieuse des Bulgares. C'est pourquoi nous y trouvons
quelques-uns des monuments les plus importants de l'ancien art bulgare.

Nous avons déjà mentionné la plus ancienne église,
Sainte-Sophie d'Ochrida. Des autres églises de la ville
qui remontent aux xiiie et xive siècles, la plus importante
est celle de Saint-Clément, bâtie en 1295 (pl. IV). Consacrée d'abord à la Vierge, ce n'est que récemment qu'elle a
changé de patronage. Bien que quelque peu modifiée
par des adjonctions ultérieures, sa forme primitive est
encore facile à reconnaître. C'est aussi une église cruciforme à coupole, qui se distingue de l'église des Saints-
Pierre-et-Paul à Tirnovo par le fait que sa coupole ne
repose pas sur des colonnes, mais sur de lourds piliers.

L'impression que produit l'intérieur est, de ce fait, beaucoup plus simple. Pour le reste, nous y retrouvons ce que nous avons déjà constaté en Bulgarie orientale, soit les mêmes combinaisons décoratives de pierres équarries et de briques rouges, bien qu'en plus faibles proportions.

L'église Saint-Jean d'Ochrida, édifice semblable au précédent, impressionne surtout par sa situation pittoresque au sommet d'un rocher élevé surplombant le lac. Beaucoup plus importantes au point de vue de l'histoire architecturale sont deux toutes petites églises — l'église des Saints-Constantin-et-Hélène et la vieille église Sainte-Marie. La coupole y est remplacée par une voûte en berceau rehaussée posée au travers de l'axe principal de l'édifice. L'église du couvent de Saint-Naoum sur la rive sud-est du lac d'Ochrida est aussi remarquable. Elle renferme le tombeau du saint de ce nom. En particulier, le narthex de l'église, avec sa coupole basse aplatie et les deux petites colonnes à chapiteaux trapézoïdes, s'écarte du type architectural courant. En Macédoine, dans d'autres localités, par exemple à Chtip, dans le faubourg de Varoche près de Prilep, ou dans les environs de Skopié, on trouve encore quelques églises de l'époque ; quelques-unes sont encore en partie fort bien conservées ; des études minutieuses fourniraient des indications importantes sur l'architecture religieuse du XIIIe et du XIVe siècle en Bulgarie.

Si l'on considère le rôle de la religion dans la vie publique de cette époque, on comprendra que l'architecture

LE DONATEUR RADÏ ET SA FAMILLE
(Peinture murale du couvent de Krémikovtsi, datée de 1493.)

sacrée soit représentée par tant de monuments. Par
contre, nous sommes très insuffisamment documentés
sur l'architecture profane. Mais ici encore, une étude
approfondie des monuments existants, si rares soient-ils,
permet d'espérer d'importantes indications. Ainsi, il
existe encore un vieux château bulgare du xıvᵉ siècle
dans la ville de Vidine sur le Danube. On l'a récemment
restauré partiellement tout en respectant son aspect primitif.

*
* *

La conquête de Tirnovo par les Turcs en 1393 marqua
la fin de l'autonomie politique et religieuse de la Bulgarie. Le patriarcat bulgare fut aussitôt supprimé et le
pays entier placé sous l'obédience du patriarche de
Constantinople. C'est alors que commença la domination
turque en Bulgarie, qui interrompit brusquement le
libre développement du peuple bulgare, paralysa ses
forces intellectuelles et mit même momentanément en
péril son existence comme entité nationale. L'élite de
la population, ceux qui étaient à sa tête, furent cruelle-
ment exterminés ou bannis en masse. On espérait de la
sorte intimider la nation et la contraindre à obéissance.
On comprendra que, dans de pareilles conditions, l'art
bulgare n'ait pu trouver un sol favorable à son développement ultérieur et que des limites étroites aient été
fixées à son activité.

Après la conquête de la Bulgarie par les Turcs, beaucoup d'artistes et d'artisans bulgares ont émigré en Rou-

manie, où ils ont transplanté les procédés et les traditions de l'art bulgare d'alors. C'est ainsi, qu'ils ont exercé une influence considérable sur la formation de l'art national roumain. Comme la langue bulgare de ce temps-là était devenue pour des siècles, jusqu'au XVIIe siècle, la langue officielle et littéraire des Roumains [1], de même l'art bulgare avait acquis une importance prépondérante en Roumanie et a beaucoup contribué à la création des œuvres d'art d'un style qu'on pourrait désigner comme un style bulgaro-roumain.

En Bulgarie même, c'est surtout dans le domaine de l'architecture que se firent sentir les conditions nouvelles. Les Bulgares n'étaient plus autorisés à ériger des grands édifices publics, dans lesquels pût se manifester un style monumental. On ne leur laissa une certaine indépendance, d'ailleurs fort limitée, que dans l'édification des églises. Mais, ici encore, les plus grandes et les plus belles des anciennes églises furent transformées en mosquées turques. Les lieux de culte à l'usage du peuple subjugué ne furent désormais tolérés que dans des proportions tout à fait modestes et, avant tout, leur aspect extérieur ne devait pas attirer l'attention, afin de n'éveiller ni la colère ni l'envie des mahométans. C'est alors qu'on vit s'élever ces petits temples, à peine distincts des habitations ordinaires, parfois à demi enfoncés en terre, qui avaient été érigés en hâte avec les matériaux

1. Joan Bogdan, *Dokumente și regeste privitoare la relațiile țării Rumînești cu Brasovul si Ungaria in secolul XV si XVI*, Bucuresti, 1902.

les plus élémentaires. Comme il était de la sorte impossible qu'ils fussent d'une solidité à toute épreuve, ils devaient être fréquemment réparés et transformés ; c'est pourquoi un petit nombre d'entre eux ont résisté à la destruction. Ce n'est que dans certaines localités à l'écart, dans les solitudes de régions montagneuses, loin des regards jaloux des Turcs, que l'on osa se permettre plus de liberté. C'est dans des localités semblables qu'on vit s'élever, au XVᵉ siècle, une série de couvents ou d'églises isolées. Ces constructions ont encore la forme des anciennes églises cruciformes à coupole, mais l'extérieur en est plus simple ; les murs sont dépourvus des niches décoratives et l'on constate l'absence de la brique et de la pierre en combinaisons variées, d'un effet si décoratif et si caractéristique pour les églises plus anciennes. L'église du couvent de Poganovo près de Tsaribrod, dans la vallée difficilement accessible d'Erma — église qui date de la fin du XVᵉ siècle et qui, avec son clocher quadrangulaire, rappelle l'église du tsar Ivan Assen II, près de Stanimaka (pl. III) — est un spécimen caractéristique de cette modeste architecture.

Au cours des temps, la coupole, elle aussi, tombe en désuétude, de sorte que l'église devient finalement une simple salle allongée, sans colonnes, que surmonte d'ordinaire une voûte en berceau. L'église de Baniani près de Skopié, de 1549, celle de Nédobarsko dans le voisinage de Méhomia, de 1614, l'église maintenant détruite de Saint-Georges à Tirnovo, de 1616, l'église Saint-

Nicolas à Marsen entre Prilep et Vélès, de 1694, etc., sont
des exemples du genre.

Dans le bourg d'Arbanassi, aux environs de Tirnovo,
sont encore debout quelques églises du XVIe et du
XVIIe siècle, qui nous permettent mieux que d'autres
monuments de concevoir ce que fut l'architecture religieuse d'alors. Elles comprennent d'ordinaire deux parties
qui ne sont reliées que par une porte. L'autel, avec l'iconostase, est dans la partie orientale, tandis que l'autre,
la partie occidentale, réservée aux femmes, remplace les
galeries. Devant cette dernière se trouve en outre un
vestibule qui se prolonge sur le côté nord de l'église
pour aboutir à l'est à une petite chapelle (paraklis).
Dans l'église du Sauveur, à Arbanassi, on peut encore
voir distinctement que ce vestibule était originairement
un portique ouvert dont les arcades ont été comblées
plus tard. Dans la règle, toutes ces constructions sont
couvertes de voûtes en berceaux, parfois renforcées
d'une archivolte fortement saillante. Ce n'est que dans le
chapitre suivant que nous parlerons de façon plus détaillée des peintures dont est orné l'intérieur de ces églises.

En raison des motifs énoncés plus haut, les constructions monumentales sont extrêmement rares à cette
époque. D'autant plus remarquable est donc la grande
église du couvent de Batchkovo, bâtie en 1604, dans une
région montagneuse difficilement accessible, au sud de
Philippople. C'est une grande église cruciforme à coupole
d'ancien style avec des chœurs hémisphériques, caractéristiques des églises conventuelles. Une petite chapelle,

semblant dater du xve siècle, est adjacente à la façade ouest.

On ne construisit d'édifices religieux plus considérables qu'à partir du commencement du xixe siècle, soit au lendemain de la paix d'Andrinople de l'année 1829, lorsque la liberté religieuse des peuples chrétiens de l'Empire ottoman eut été officiellement proclamée. Partout où les circonstances et les ressources le permirent, on s'efforça de remplacer les anciennes églises par des constructions plus grandes et plus belles, d'ordinaire en forme de basilique voûtée avec ou sans coupole, comme par exemple l'église de la Vierge à Tatar-Pazardjik, construite en 1832. Dans la plupart des cas, la coupole ne faisant pas organiquement partie de l'édifice, on ne la laissait subsister que par respect des traditions. Elle ne servait plus de recouvrement, mais de décoration ; c'est pourquoi elle est en général très légère afin d'éviter toute pression sur les murs, et il n'a par conséquent pas été nécessaire de changer l'aménagement de l'intérieur par l'adjonction de soutiens particuliers. L'intérieur est communément divisé en trois nefs par deux rangées de colonnes. Les chapiteaux en forme de corbeille, richement ornés et offrant une grande variété, sont dignes d'attirer tout particulièrement l'attention. Ils rappellent de loin seulement l'ordre corinthien ; nous retrouverons également les éléments composant leur ornementation dans la sculpture sur bois de la même époque.

Le couvent de Saint-Jean de Rila est le monument le

plus important de l'architecture bulgare du début du
XIXe siècle (pl. V). Le 13 janvier 1833, un violent
incendie en a détruit la plupart des constructions provenant du milieu du XIVe siècle. Les autorités turques
ont autorisé la reconstruction du couvent, mais à con-
dition que l'on conserverait l'ancien plan et que l'on
réédifierait les divers bâtiments dans le style et la manière
d'avant l'incendie. Pour ce motif, bien qu'il y ait lieu
d'admettre que ces prescriptions n'ont pas été observées
à la lettre et que l'église principale, notamment, comme
on peut le constater, a été considérablement agrandie,
les constructions actuelles du couvent de Rila nous donnent néanmoins une idée de l'ancienne architecture
des monastères en Bulgarie. La réédification, qui s'opéra
de 1834 à 1837, eut lieu sous la direction du maître bulgare Paul, du village de Krimine, près de Kostour en
Macédoine du sud. Ainsi, la direction des travaux n'était
pas confiée à un architecte de profession, mais à un
maître sorti du peuple et formé par la pratique, comme
tous les constructeurs bulgares de cette époque.

L'église principale, à laquelle on a conservé la forme
d'une ancienne église cruciforme à coupole, est entourée
d'un portique ouvert (pl. V). Par l'emploi de différentes
sortes de pierres et de briques rouges, d'usage courant
dans l'ancienne architecture de la Bulgarie, on a obtenu
un effet particulièrement pittoresque. L'intérieur comme
l'extérieur de l'église ont été peints par des artistes
indigènes, sortis de l'école locale de Samokov. L'iconostase richement ornée, dont nous nous occuperons encore,

et d'autres sculptures sur bois, contribuent à augmenter
l'effet magnifique de l'architecture. Les bâtiments d'habitation d'alentour sont à plusieurs étages et flanqués
de colonnades ouvertes du côté de la cour (pl. V). A
l'aide de la peinture on y a également imité différents
matériaux de construction. L'étage le plus élevé est
particulièrement typique, avec ses colonnes en bois
et ses balcons saillants.

Nous sommes très insuffisamment renseignés sur
l'architecture profane des Bulgares à l'époque de la domination turque, surtout aux premiers siècles de celle-ci.
Il est évident que les maisons d'habitation en général
étaient, elles aussi, très simples. Bâties la plupart en
moellons et en bois, elles ne pouvaient pas durer longtemps ; aujourd'hui, il n'en existe presque aucune remontant à plus d'un siècle. Il ne nous est donc pas possible
de suivre le développement de la maison d'habitation
à cette époque en Bulgarie. On ne pourrait tirer des conclusions que d'après les constructions du début du
XIXe siècle, en prenant également en considération le type
de la maison d'habitation du XIVe siècle (cf. plus loin)
qui, avec peu de modification, s'est conservée à Arbanassi jusque dans le courant du XVIIIe siècle. Dans les
régions boisées de la montagne, comme par exemple à
Drénovo, les maisons étaient souvent bâties exclusivement en bois. Dans les grandes villes, elles étaient ordinairement à plusieurs étages, les étages supérieurs faisant
saillie, en général, sur les inférieurs. L'extérieur était
très simple. Ce n'est que dans les temps modernes, par

suite d'influences occidentales, qu'on a commencé à attribuer de l'importance à une ornementation plus riche de la
façade, ce qui a très souvent amené un pêle-mêle de
formes autochtones et de formes occidentales.

Par contre, l'intérieur des maisons riches dénote
la sollicitude d'un aménagement plus artistique. Les
plafonds en bois étaient, dans la plupart des cas, richement ornés de sculptures. Des armoires encastrées dans
les parois et un foyer bas, parfois aussi des niches semi-
cylindriques ou un grand poêle, donnaient aux pièces
un aspect original. Les murs des chambres étaient
habituellement blanchis.

On pourrait dire en général que c'est une architecture
assez primitive et pauvre. La maison bulgare, tout en
gardant quelques particularités locales, ne diffère guère
de la maison conventionnelle de l'Orient.

LES MIRACLES DU CHRIST

Peinture murale du narthex de l'église du Sauveur à Arbanassi. (XVIIe siècle.)

CHAPITRE III

PEINTURE

L'image du saint Théodore de Patleina, composée de plusieurs plaques d'argile vernissées dont nous avons déjà parlé plus haut, pourrait être désignée comme le monument le plus ancien de la peinture bulgare, datant du début du Xᵉ siècle. Mais on ne connaît actuellement pas d'autres monuments de peinture de l'époque du premier Empire bulgare. Nous sommes, par conséquent, obligé de commencer notre étude par les monuments du XIIIᵉ siècle.

La construction de nombreuses églises au XIIIᵉ et au XIVᵉ siècle a considérablement stimulé surtout la peinture murale religieuse, favorisée par la coutume d'alors de couvrir complètement de peintures l'intérieur des sanctuaires. D'autre part, cette habitude a abouti à des exécutions de peintures murales hâtives trahissant davantage l'artisan que l'artiste ; mais à côté des productions médiocres de la majorité des maîtres d'alors, on trouve cependant des œuvres témoignant de réelles dispositions artistiques.

Ces peintures, bien qu'elles soient couramment désignées du nom de fresques, ne sont en réalité pas exécutées dans la technique de la fresque proprement dite, mais bien plutôt dans celle dite de tempera, en usant du blanc d'œuf comme liaison. Une mince couche de chaux blanche très fine, que l'on étendait sur toutes les parois, formait le fond. Non seulement les murs, mais aussi les voûtes, coupoles, piliers, encadrements de fenêtres et de portes, étaient peints de telle sorte qu'aucune surface ne restait sans décoration. Lorsque les images subissaient l'injure des temps, ce qui était inévitable vu la technique adoptée, on recouvrait simplement la partie endommagée d'une nouvelle couche de chaux que l'on repeignait fraîchement. C'est pourquoi d'ordinaire l'on retrouve, dans les vieilles églises de Bulgarie, plusieurs couches de peinture murale superposées et on y peut constater que les plus anciennes sont souvent les mieux conservées.

Parmi les plus importantes et les plus belles d'entre ces vieilles peintures murales, il convient de mentionner tout d'abord celles de l'église de Boïana, petit village situé sur le versant septentrional du Mont Vitoçha, à 8 kilomètres au sud-ouest de Sofia. Au XIᵉ siècle encore, fut bâtie dans cette localité une toute petite église à coupole, église qui fut ornée de peintures. Ainsi qu'en fait foi l'inscription conservée, elle fut agrandie en 1259 par le noble bulgare Sévastokrator Kaloïan, dont la résidence ancestrale était, paraît-il, à Boïana même. On peut voir encore actuellement les restes d'un vieux château au sommet d'un rocher élevé au pied duquel la Boïana précipite ses flots. Pour agrandir, on annexa directement à la muraille occidentale de la construction primitive une nouvelle église, sorte de mausolée à deux étages du type de l'église d'Ivan Assen II ci-dessus décrite (voir plus loin). De cette façon, le sanctuaire primitif, remontant au XIe siècle, constitue maintenant la partie orientale de toute la construction; il n'est accessible que par la nouvelle église, soit par son étage inférieur sans fenêtres, qui sert de crypte mortuaire. Kaloïan fit repeindre l'église la plus ancienne en même temps que la nouvelle, de sorte que la plupart des peintures murales subsistant aujourd'hui dans les deux parties furent exécutées en 1259. On y trouve encore dans la partie orientale des vestiges des peintures murales du XI^c siècle. En outre, quelques parois de l'ancienne et de la nouvelle construction furent recouvertes de peintures à une époque plus récente, vraisemblablement au XVIIe siècle. Dès que ces additions eurent été éloignées, les anciennes peintures qu'elles cachaient et qui sont encore en état parfait de conservation, ont été mises au jour.

Les peintures les plus intéressantes sont celles de l'année 1259; nous ne nous arrêterons qu'aux plus importantes d'entre elles. A l'étage inférieur de la construction de Kaloïan, sur la muraille septentrionale, se trouvent les portraits presque en grandeur naturelle de Kaloïan, représenté en instaurateur de l'église, tenant en mains le modèle de l'édifice, et de sa femme Dessislava. Le vêtement somptueux de celle-ci est fort remarquable. Il est orné de trois groupes de deux lions héraldiques, donnant l'impression d'être brodés. Sur la muraille opposée, celle du sud, se trouvent, revêtus de riches vêtements royaux, avec couronnes et sceptres, le tsar bulgare d'alors, Constantin Assen (1258-1277) et sa femme Irène, fille de l'Empereur Théodore Lascaris et petite-fille, par sa mère, du tsar Ivan Assen II. Toutes ces peintures, bien que d'une raideur solennelle, suivant la mode de l'époque, trahissent un effort évident en vue de rendre les particularités individuelles ; c'est pourquoi elles peuvent être considérées comme de véritables portraits.

Dans une niche de la même muraille, on remarque une composition plus grande, représentant le Christ adolescent qui s'entretient dans le temple avec les docteurs de la loi (pl. VI). Cette œuvre n'a été mise au jour que récemment, après l'enlèvement des peintures ultérieures qui la recouvraient ; elle frappe par son dessin extrêmement fin et l'expression de vie qu'elle traduit. Il y a lieu de noter entre autre la tête du Christ aux beaux traits réguliers et dans la partie droite du tableau le groupe des juifs, aux visages excellemment caractérisés et animés d'yeux regardant curieusement.

Dans la partie orientale de l'église, les peintures sont disposées les unes au-dessus des autres en trois registres. Au haut de la muraille septentrionale, nous voyons tout d'abord la *Sainte-Cène* ; en-dessous, l'un à côté de l'autre le *Crucifiement* et la *Résurrection*. Le registre inférieur contient quatre grands portraits de saints debout. Le tableau du *Crucifiement* est une des plus belles œuvres

LE SAINT NICOLAS ; ICONE DE VRATSA

Fin du XVII⁰ siècle.

(Sofia. Musée national.)

du genre ; il impressionne surtout par le sentiment profond que l'artiste y a mis.

Quatre grandes images isolées sont disposées dans le registre inférieur de la muraille méridionale opposée. A gauche, Constantin et Hélène avec la Sainte-Croix, à droite, deux saints guerriers. La tête très caractéristique du dernier saint de droite est fort remarquable ; on peut à bon droit la compter au nombre des meilleures œuvres de l'église. Sur la muraille orientale, le Christ sur son trône, dernièrement découvert sous des peintures plus récentes, provient également de l'année 1259 ; il mérite une mention spéciale pour la douceur de l'expression et la finesse du dessin.

Les peintures murales de Boïana qui sont antérieures à Giotto, peuvent être classées parmi les plus belles œuvres d'art du XIIIᵉ siècle. La maîtrise et la finesse du dessin, la vie et le sentiment que l'artiste a su mettre dans l'expression des visages, la richesse et la variété des couleurs, confèrent à toutes ces peintures une grande valeur artistique.

Comme exemples de la peinture murale du XIVᵉ siècle en Bulgarie, on peut citer quelques images conservées dans l'église des Saints-Pierre-et-Paul à Tirnovo. Malheureusement le violent tremblement de terre de l'année 1913 qui a causé l'effondrement presque total de l'édifice, a également occasionné l'anéantissement de la plus grande partie des peintures murales. La destruction a atteint surtout la partie supérieure de l'église qui a été abîmée ; c'était là que se trouvaient les représentations les plus importantes. De l'excellente *Mise au tombeau du Christ* comme du *Lavement des pieds des Apôtres*, qui appartiennent aux plus belles œuvres de l'église, il ne reste aujourd'hui que de petits fragments. Ils sont maintenant transportés au Musée National à Sofia et peuvent encore nous donner une idée de la haute valeur artistique du tout. Nous ne possédons à l'heure actuelle également que des morceaux sans importance des autres scènes empruntées à la vie du Christ. Les portraits des parties inférieures de l'église ne représentant que quelques saints debout sont mieux conservés. C'est ainsi que se détachent sur un des grands piliers les figures impressionnantes des deux apôtres Pierre et Paul tenant en mains, comme symbole, l'église du Christ (pl. VII). Sur le mur sud de l'église, le Christ assis sur un trône majestueux entre les portraits de la Vierge et de saint Jean-Baptiste nous apparaît comme roi des rois.

Nous ignorons les noms de maîtres qui ont peint les œuvres de Boïana et de Tirnovo. Leurs travaux sont aussi anonymes que toutes les autres peintures murales de l'époque dans le pays, car il n'était pas encore d'usage de signer ses productions. Toutefois la nationalité bulgare de ces maîtres ressort incontestablement des épigraphes explicatives toutes rédigées en langue bulgare.

En Macédoine, il y a encore à l'heure actuelle, dans différentes localités, également des peintures murales religieuses du XIIIe et du XIVe siècle. Mentionnons surtout les portraits qui n'ont été découverts sous le badigeonnage turc que récemment, pendant la guerre, dans l'église

Sainte-Sophie d'Ochrida. Malheureusement, la plupart
de ces œuvres de grande valeur artistique sont si fortement avariées, qu'il n'a pas été possible d'en prendre des
photographies satisfaisantes avant de les avoir soumises
à un nettoyage technique en règle, ce qui n'a pu être fait
dès leur mise au jour. A Ochrida, il y a lieu de signaler en
outre, dans la petite église de Saint-Clément, les peintures
murales datant du XIIIe siècle. Enfin, il convient de
tenir compte des peintures murales encore peu connues
et insuffisamment examinées de l'église de Saint-Nicolas
de Varoche, près de Prilep, ainsi que de celles de l'église
conventuelle de Saint-André, près de Skopié, exécutées
en 1299.

Sur la base des données que nous possédons, nous sommes autorisés à admettre l'existence, déjà à cette époque-
là, d'écoles bulgares de peinture. Quelle a été l'étendue
de leur champ d'activité, quels ont été leurs rapports
avec d'autres écoles contemporaines et où puisaient-elles
les éléments de leur art ? — Autant de questions que
seules des recherches futures et un examen plus approfondi des monuments pourront résoudre. Nous ne sommes
même pas encore en mesure de procéder à un groupe-
ment systématique des monuments connus, qui sont déjà
très nombreux. L'aperçu que nous en avons donné plus
haut n'a pour but que d'attirer l'attention sur cette
source si importante pour l'histoire de l'art ancien et
d'inviter à sa mise en valeur. Vouloir donner ne serait-ce
qu'une simple liste des monuments existants en terre
bulgare, Macédoine y compris, nous mènerait trop loin.

Dès que les circonstances permettront la reprise de l'activité des temps de paix, la science bulgare se consacrera sans doute à l'étude de ces monuments d'une valeur si considérable pour l'appréciation de l'ancienne civilisation bulgare [1].

Pour juger en connaissance de cause les peintures murales qui nous occupent, il faut avant tout considérer : 1º que ces peintures avaient une destination purement décorative et qu'elles exigeaient par conséquent un traitement à plat, sans profondeur dans la perspective, et 2º que les produits de l'art byzantin ont leur esthétique spéciale. Il ne serait donc pas équitable de taxer ces ouvrages sur le même étalon que celui, par exemple, sur lequel on se base pour apprécier les œuvres artistiques de l'antiquité. L'art byzantin n'a jamais considéré la forme comme un but absolu de l'activité artistique et n'a pas, par conséquent, visé à son extrême perfection. Le point capital est le sujet des représentations. L'image n'est qu'un moyen intuitif de traduire sa pensée d'une manière aussi expressive et claire que possible. Donc, la forme n'est souvent qu'une formule. C'est pourquoi l'art byzantin est à un tel point conventionnel.

On a parfois et à bonne raison comparé l'art byzantin à l'art égyptien. En effet, nous trouvons dans ces deux domaines les mêmes tendances conservatrices dont résultent la raideur frappante des formes et la répétition constante de certains traits fondamentaux. Pour cette raison, les

1. L'Institut archéologique bulgare prépare actuellement une publication complète des fresques de l'église de Boïana.

FIGURES DE LA FRISE EN BOIS DE LUTAKOVO

Début du XVIII° siècle.

(Sofia, Musée national.)

produits de l'art byzantin paraissent souvent plus anciens
et plus primitifs qu'ils ne le sont en réalité. Cela ne signifie
absolument pas que l'art byzantin ait été incapable
d'évoluer. Une évolution s'est accomplie certainement
au cours des âges et les œuvres portent indubitablement
le cachet distinctif de leur époque, ce dont on ne tarde pas
à se convaincre dès qu'on en a saisi les particularités
distinctives. On pourrait appliquer les mêmes remarques
à l'égard de l'ancien art bulgare et des peintures dont
nous nous occupons.

*
* *

Si l'on était forcé pendant la domination turque de
rendre aussi simple que possible l'extérieur des églises,
on cherchait par contre à se dédommager de cette sim-
plicité en ornant richement l'intérieur inaccessible aux
regards des étrangers. Aussi, la peinture murale religieuse, contrairement à ce qui est arrivé pour l'architecture, a pu accomplir naturellement son évolution. Toutefois, ses productions ont eu à souffrir de la décadence
générale des arts et sont restées servilement attachées
aux traditions anciennes. Mais la domination turque
n'en réduisit nullement le nombre ; on fut simplement
contraint de demeurer dans de plus modestes limites, et
l'on manquait d'ailleurs de génies artistiques pour frayer
des voies nouvelles à la peinture murale d'alors, les
grands talents ne pouvant éclore qu'aux époques de
pleine liberté.

Les divers siècles de la domination turque ne sont pas représentés également par les monuments conservés en Bulgarie. Tandis qu'il n'est presque rien resté d'important du XVe siècle, nous possédons par contre des matériaux très abondants pour la peinture du XVIIe et du XVIIIe siècle.

Parmi les plus anciens monuments de l'époque turque, il faut signaler d'abord les peintures, datant de 1488, qui se trouvent dans la petite église de Saint-Dimitri, à Bobochévo près de Kustendil. Elles sont très bien conservées, mais n'ont que peu de valeur artistique. Les peintures du couvent de Krémikovtsi, près de Sofia, maintenant en grande partie détruites, sont à peu près de la même époque (1493). Dans le vestibule, on remarque particulièrement le grand tableau du donateur avec sa famille (pl. VIII). A gauche, tenant en mains le modèle de l'église, on voit le donateur Radivoï et sa femme ; tous deux portent des vêtements en tissus aux couleurs variées et richement brodés ; les lourdes boucles d'oreilles de la femme méritent aussi l'attention. Deux enfants, Théodore et Dragna, figurent aussi dans le tableau. Il paraît, à en juger par l'épigraphe, que l'église a été construite en mémoire de leur mort simultanée. A droite, au premier plan, le personnage dont la tête est sans nimbe est probablement le prieur. A l'arrière-plan, un archange et, au-dessus, dans le ciel, le Christ aux mains bénissantes.

Indépendamment de l'exécution soignée des détails, on admire dans cette peinture surtout l'effort évident de l'artiste aux fins d'individualiser chaque tête ; à ce point de vue, l'archange et le prieur sont particulièrement intéressants. Tandis que l'artiste a visiblement idéalisé les traits du premier, il a réussi à donner au second une expression toute naturelle et réaliste qui en fait un chef-d'œuvre remarquable.

Les peintures murales du couvent de Poganovo près de Tsaribrod, qui datent de 1500, ont une valeur plus artistique encore et portent un caractère différent[1]. Ici encore, l'artiste ne s'est pas contenté de copier servilement les anciens modèles ; il s'est bien plutôt efforcé de donner une note nouvelle et personnelle.

Il paraît qu'il faut attribuer au xvie siècle quelques-unes des peintures de l'église des Saints-Pierre-et-Paul à Tirnovo, notamment les peintures dans le narthex représentant d'une manière un peu monotone et aride tous les conciles œcuméniques. Ce sont de grandes assemblées d'archevêques présidées par l'Empereur, qui est sur le trône entouré de sa garde. Très originale est la façon extrêmement désopilante — un archevêque empoigne un de ses collègues par la barbe — dont l'artiste traduit dans certaines de ces peintures les discussions dogmatiques de ces personnages d'ordinaire si tranquilles et si doctes !

En dehors de ces peintures, nous ne possédons pas actuellement des monuments importants du xvie siècle. Par contre, le xviie siècle est abondamment représenté. Les peintures de l'église maintenant détruite de Saint-

---

1. Th. Schmit, *Byzantinische Zeitschrift*, XVII, 1908, p. 121 et suivantes.

Georges à Tirnovo datent du début de ce siècle, soit de l'année 1616. Les *Noces de Cana* de cette église méritent surtout d'être citées, car elles appartiennent à un genre de sujets relativement peu traités dans la peinture religieuse de la Bulgarie d'alors. Les peintures de Nédobarsko en Macédoine orientale, de 1614, et celles de l'église conventuelle de Zarzé dans le voisinage de Prilep, exécutées entre 1625 et 1636, datent approximativement de la même époque. Il est intéressant de mettre en regard l'une de l'autre, la peinture représentant le Christ comme roi des rois sur un trône entre la Vierge et saint Jean-Baptiste de cette dernière église et celle de l'église des Saints-Pierre-et-Paul à Tirnovo, qui est du XIVe siècle. Le schème est le même dans les deux cas, mais à Zarzé le dessin est beaucoup plus rigide et l'exécution beaucoup plus sèche. A la place d'un ciel étoilé, il y a un arrière-plan architectural qui rétrécit la composition.

Les peintures dans le vestibule de la grande église du couvent de Batchkovo, exécutées en 1643, présentent un caractère fort différent. Au bas, en grandeur naturelle, se trouvent les représentations de saints aux vêtements très richement ornés d'or et de broderies, ainsi que le portrait d'un certain Georges qui a fait peindre le vestibule à ses frais et celui de son fils Constantin. Ces deux personnages portent aussi des vêtements de prix richement brodés d'or. L'artiste a d'ailleurs visé tout particulièrement à l'effet décoratif de ces portraits, d'où la profusion et l'extrême diversité des motifs, tous différents, sur les costumes de chaque personnage. L'effet plastique a, il est vrai, passablement souffert de ce fait. La raideur et la dureté sont les caractéristiques les plus frappantes de ces personnages traités de façon tout à fait schématique, avec leurs costumes sans plis et leurs visages sans expression.

Les autres peintures du vestibule dénotent la même prédilection pour le traitement purement décoratif, ainsi que pour les tons violents et variés. Les peintures dans la coupole, vigoureusement dessinées, dont l'effet est encore accru par un riche emploi d'or sur fond bleu clair, méritent aussi d'être signalées.

Arbanassi près de Tirnovo, avec ses nombreuses églises, offre également des matériaux précieux. Mentionnons, en première ligne, l'église du Sauveur dont les peintures ont été faites entre 1632 et 1649 et traitent de thèmes très variés. A côté des portraits de saints, debout comme d'ordinaire, nous trouvons ici avant tout une série de compositions plus grandes reproduisant les miracles du Christ (pl. IX). Ces peintures se distinguent par le fait que le paysage et les éléments architecturaux, très abondants et variés, y occupent une place importante.

A signaler encore les représentations des conciles œcuméniques, manifestement inspirées des peintures de l'église des Saints-Pierre-et-Paul à Tirnovo, illustrant les mêmes sujets. La distribution des personnages est la même, mais nous constatons à Arbanassi une exécution plus sèche et plus schématique qui simplifie les détails. Cette tendance devient surtout évidente dans la figure de l'Empereur qui ne porte plus les riches vêtements byzantins comme à Tirnovo.

Parmi les autres peintures de l'église du Sauveur, c'est le calendrier éphéméride illustré, contenant une grande quantité de scènes religieuses, qui mérite une attention particulière. Nous en trouvons un autre exemple, moins bien conservé, dans l'église des Saints-Pierre-et-Paul à Tirnovo.

Mentionnons enfin les peintures de l'église de Saint-Georges à Arbanassi, qui datent de 1710. Les compositions reproduisant les miracles du Christ rappellent les représentations analogues de l'église du Sauveur, mais sont plus schématiques et le dessin en est plus stylisé. L'image de la Vierge dans la partie supérieure de l'abside, d'un effet majestueux, a plus de qualité. Il est remarquable par l'exécution soignée et par le sentiment profond dont l'artiste s'est inspiré. Il n'en est pas de même des autres peintures murales qui sont à Arbanassi ; celles de l'église de Saint-Athanase, de 1726, et celles de l'église des Archanges, de 1760, témoignent d'une exécution beaucoup moins soignée et n'ont donc pas la même valeur artistique que les plus anciennes peintures de la ville.

Il est extrêmement important que les auteurs des peintures murales d'Arbanassi aient signé en partie leurs œuvres. De la sorte, nous savons que les tableaux de l'église de Saint-Georges, de 1710, sont dus aux maîtres Christo et Stoïo, et que la chapelle de l'église de Saint-Athanase a été également peinte, en 1726, par deux compagnons, les maîtres Tsoïo et Nedio. Dans l'église des Archanges, du côté réservé aux femmes, ont travaillé, en 1760, les artistes Michel de Salonique et Georges de Bucarest. Comme les noms l'indiquent — ceux de Stoïo, Tsoïo et Nedio, par exemple, ne se rencontrent que chez les Bulgares — tous ces maîtres étaient d'origine bulgare. Cette conclusion est encore confirmée par le fait que les artistes de l'église de Saint-Georges, qui, comme tous leurs collègues d'Arbanassi, se servent partout dans les épigraphes de la langue grecque, signent et datent aussi bien en grec qu'en bulgare. Nous avons donc en cela une preuve de ce que nous allons constater dans d'autres cas, à savoir que les légendes en grec ajoutées à une œuvre d'art ne sont pas déterminantes indubitables de la nationalité de son auteur.

L'emploi fréquent de la langue grecque de la part d'artistes bulgares s'explique par le fait que cette langue a joué en Orient le même rôle que le latin en Occident. Jusque dans le courant du XIXe siècle, elle a été de façon générale la langue usuelle des gens cultivés et n'a disparu en Bulgarie qu'à l'époque moderne, en suite du réveil national.

Ce que nous constatons à Arbanassi se répète ailleurs. Ici, nous voudrions attirer l'attention sur l'exemple particulièrement instructif donné par le peintre d'art religieux Zakhari Christov de la ville purement bulgare de Samokov. Il a peint en 1840 l'église Saint-Nicolas du couvent de Batchkovo et dans sa signature *expressis verbis* se déclare bulgare. Ainsi, bien qu'il croie nécessaire de souligner sa nationalité conformément à l'esprit de l'époque, il n'a cependant pas dédaigné de se servir malgré tout de la langue grecque.

La peinture murale religieuse en Bulgarie pendant l'époque de la domination turque est demeurée fidèle aux traditions plus anciennes, en se montrant peu accessible à des innovations profondes tant au point de vue de la technique, qu'à celui de la conception des divers thèmes. Elle fut très conservatrice et, à part quelques exceptions, entièrement réfractaire à toute influence de l'art occidental. Les maîtres travaillaient le plus souvent d'après un « canon » intangible consacré par l'église et par l'ancienne tradition ; ils se souciaient davantage d'une exécution soignée et d'un dessin net que de faire preuve d'une interprétation individuelle. C'est pourquoi leurs œuvres, malgré les progrès réalisés à cette époque, conservèrent un caractère extrêmement primitif et si par hasard elles sont sans date, on pourrait être facilement induit en erreur en les attribuant à une époque beaucoup plus reculée.

Il est surprenant que ni les demi-teintes ni les ombres n'y soient complètement développées, au grand détriment de la perspective, laquelle est indiquée en général par des superpositions simples comme dans la peinture des vases de la Grèce antique. Le traitement de tous les motifs à plat y est devenu un dogme, à tel point qu'on a l'impression d'être en présence de silhouettes coloriées.

Ce qui est caractéristique et convient parfaitement à la destination décorative de ces peintures, c'est la stylisation avancée de toutes les formes et de tous les

L'ÉVANGÉLISTE MARC

Miniature d'un évangéliaire du XVIᵉ-XVIIᵉ siècle.
(Sofia, Musée national.)

éléments du paysage, ce dont précisément les peintures murales d'Arbanassi nous fournissent d'excellents exemples. Au cours des temps, cette stylisation augmente à un tel point qu'elle entraîne une rigidité complète des formes. Les détails anatomiques sont souvent indiqués, mais toujours de façon plutôt savante que naturelle. Cela est également vrai des suppléments architectoniques, parfois utilisés comme arrière-plans ; ils se distinguent souvent par des formes extraordinairement riches et bizarres (pl. IX). Dans toutes ces peintures murales il ne s'agit pas, en effet, d'un art qui soit pénétré d'un vrai sentiment de la nature et qui puise ses inspirations directement de la vie réelle, mais bien plutôt d'une maîtrise acquise par un long exercice et à force de travail professionnel.

La peinture murale religieuse était très fréquemment pratiquée par des artistes ambulants. Dès que l'un d'eux s'était acquis une certaine réputation, il recevait des commandes non seulement de son voisinage immédiat, mais aussi des villes très éloignées. Nous ne sommes pas, il est vrai, en état de fournir des preuves de cas de ce genre relatifs aux temps les plus reculés, comme ceux qui se sont produits fréquemment dans la première moitié du XIXe siècle. En tout état de cause, le fait que deux peintres de régions aussi distantes l'une de l'autre que Salonique et Bucarest ont pratiqué simultanément à Arbanassi, prouve à l'évidence qu'il existait des artistes ambulants déjà dans l'ancien temps.

Y avait-il déjà à cette époque différentes écoles locales

et quels rapports entretenaient-elles ? C'est ce qui n'a pas pu être établi jusqu'ici. Les documents y relatifs n'ont pas encore pu être réunis et examinés. Mais d'ores et déjà, on peut certainement considérer les couvents du Mont Athos comme étant le centre le plus important de la peinture murale religieuse dans la péninsule balkanique et que toutes les écoles locales subissaient plus ou moins son influence. Toutes les nations chrétiennes de la péninsule des Balkans étaient représentées dans ces couvents, dont le prestige attirait de nombreux pèlerins, d'autant plus que, grâce à leurs ateliers, ces monastères étaient en quelque sorte une école des arts à laquelle pouvaient se rendre tous ceux qui voulaient se vouer à la pratique des différentes branches de l'art religieux et se proposaient de l'exercer professionnellement. Pour les Bulgares, tel était surtout le couvent bulgare de Zografe où s'illustra le moine Païssi, précurseur de la Renaissance bulgare et premier historien bulgare de l'époque moderne. C'est ce monastère en tout premier lieu qui a joué le rôle d'intermédiaire entre la peinture murale religieuse du Mont Athos et celle de Bulgarie.

Dans d'autres couvents également, surtout autrefois, alors que les contrastes nationaux n'avaient pas encore atteint le degré d'acuité qu'ils prirent dès lors, nous trouvons souvent des Bulgares, moines et artistes, occupant des positions éminentes. Il n'est donc pas possible de tracer une ligne de démarcation exacte entre l'art religieux du Mont Athos et celui de Bulgarie, ni de déterminer en quelle mesure ils se sont réciproquement influencés.

Au début du xixe siècle, la peinture murale religieuse en Bulgarie a pris un essor remarquable, en connexion avec le réveil national des Bulgares, d'une part, et de l'autre avec l'activité déployée à cette époque dans le domaine de l'architecture religieuse (cf. plus loin). Les nouveaux besoins, l'abondance des commandes à exécuter et la productivité qui s'en trouvait augmentée, aboutirent à la formation de plusieurs écoles locales dont les plus importantes furent celles de Samokov, de Razlog et de Krouchévo.

L'école de Samokov a déployé une activité particulièrement féconde non seulement dans le domaine de la peinture murale, mais encore dans celui de la peinture sur bois, ainsi que le prouvent les travaux exécutés par ses adeptes à Samokov même, au monastère de Rila, dans quelques-uns des couvents du Mont Athos, au monastère de Batchkovo, à Pléven, à Philippople, à Tatar-Pazardjik, à Skopié, à Vélès, à Kratovo, à Kotchani, dans les environs de Salonique, ainsi qu'en beaucoup d'autres endroits de la Bulgarie actuelle et de la Macédoine.

Christo Dimitrov, du village de Dospey près de Samokov, qui avait fait ses premières études en peinture murale au Mont Athos, passe pour être le fondateur de cette école. En 1770, il alla quelque temps à Vienne, mais en revint bientôt pour se fixer à Samokov où il enseigna son art aussi à ses deux fils Zakhari Christov et Dimitri Christov. La peinture murale fut ensuite cultivée, pendant des décades, comme une tradition dans sa famille.

Le représentant le mieux doué de l'école de Samokov

fut Stanislas Dospevski, fils de Dimitri Christov et petit-fils du fondateur de l'école, Christo Dimitrov. Pour se perfectionner dans son art, Stanislas Dospevski passa un certain temps en Russie, notamment à Kiev et à Odessa. En 1857, il sortit de l'Académie des Beaux-Arts de Pétrograde, où il avait obtenu la médaille d'argent, et revint en Bulgarie. Après avoir déployé une activité très féconde également comme portraitiste et comme paysagiste, il fut, pour des motifs politiques, incarcéré par les Turcs, en 1876, et empoisonné bientôt après dans sa prison à Constantinople.

L'école de Razlog (territoire situé entre les Monts de Rila et ceux de Pirine), dont la sphère d'influence fut moins étendue, fut fondée dans les premières années du xixᵉ siècle par Dimitri Molérov de la ville de Bansko et continuée par ses descendants immédiats. L'école de Krouchévo, dont les adeptes exercèrent leur art surtout en Macédoine centrale, n'eut également qu'une importance locale.

Etudier de façon plus complète les œuvres de ces peintres, déterminer leurs procédés et retrouver les influences et les inspirations auxquelles ils ont obéi, dépasserait les limites du cadre que nous nous sommes fixé. Ces peintres aussi, ainsi que la tradition religieuse l'exigeait, s'en sont tenus strictement aux types établis et c'est pourquoi leurs travaux peuvent être considérés comme le dernier stade de l'évolution de l'ancienne peinture murale en Bulgarie.

Mais, d'autre part, vu que bon nombre d'entre eux

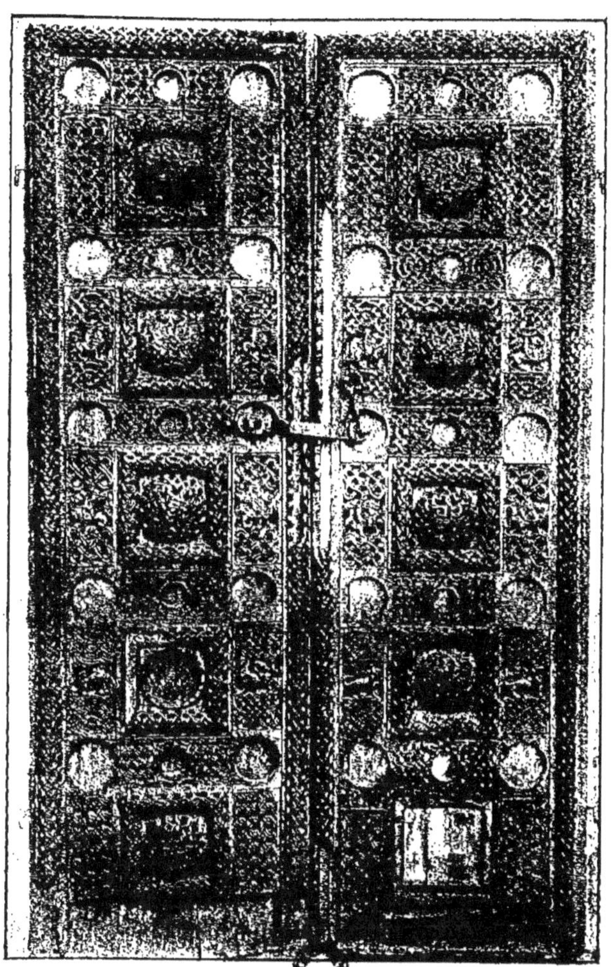

PORTE EN BOIS SCULPTÉ DU COUVENT DE RILA
(XIVᵉ siècle.)

étaient déjà en rapports étroits avec l'Occident, leurs
œuvres ont un cachet moderne. Plusieurs tentèrent
de réformer la peinture murale religieuse, par exemple le
peintre Nicolaï Pavlovitch de Svichtov, le représentant
le plus doué de la peinture historique bulgare qui alors
également commençait à fleurir. Mais nous avons déjà
affaire ici avec l'art moderne bulgare et ces deux domaines
se confondent désormais l'un dans l'autre.

*
* *

Le développement de la peinture religieuse sur bois,
soit la peinture des icones, est en corrélation étroite
avec celui de la peinture murale. Les icones sont des
panneaux en bois de plus ou moins grandes dimensions
sur lesquels ne sont ordinairement représentés que des
saints isolés ; des compositions plus grandes s'y rencontrent rarement. La peinture n'est pas à même le bois ;
elle est soit sur une mince couche de plâtre, soit sur toile
montée.

Plusieurs de ces icones, exécutées du XIIe au XIVe siècle,
nous ont été conservées. Mais comme elles sont intéres-
santes surtout par leur ornementation en métal, nous y
reviendrons dans le chapitre suivant, traitant des arts
appliqués.

Nous possédons un nombre plus considérable d'icones
de l'époque de la domination turque, notamment à
partir du XVIIe siècle. Mais elles n'ont pas encore été
étudiées de façon systématique. Par conséquent, nous

devons nous contenter seulement de signaler quelques œuvres datées, particulièrement caractéristiques des différentes tendances qui se sont manifestées dans ce domaine.

Il convient de mentionner en premier lieu deux icones du Christ au Musée National à Sofia, qui, bien que provenant de régions différentes, témoignent d'une étroite parenté. L'une est de Mésembria, datée de 1604, l'autre de Tirnovo, de 1684. Toutes les deux représentent le Christ bénissant, assis sur un trône richement orné et tenant dans la main gauche l'évangile. Ces icones se distinguent par une facture relativement libre et par un abondant emploi d'or à l'arrière-plan comme sur les vêtements.

Un Saint-Nicolas, datant également des dernières décades du XVIIe siècle et provenant de l'église de Vratsa, consacrée à ce saint, est d'un tout autre genre (pl. X). Visage et vêtements sont vigoureusement stylisés, la couleur or manque complètement et la croix en tons noirs et blancs domine tout. Deux autres icones de la même église présentent encore les mêmes traits de ressemblance ; il s'agit d'un Christ et d'une Vierge de l'année 1699 ; tous deux sont maintenant conservés également à Sofia, au Musée National. Ces deux derniers tableaux, qui trahissent une exécution plus négligée, ne sont pas du maître qui a peint le Saint-Nicolas, mais ils appartiennent indubitablement à la même école locale de Vratsa.

Un travail excellent, vraisemblablement du début du XVIIIe siècle, est une frise étroite de Lutakovo, près d'Orkhanié, maintenant également au Musée National à Sofia. Au milieu trône le Christ entre la Vierge et Jean-Baptiste; à droite et à gauche, de chaque côté, un archange et six apôtres dont à l'heure actuelle la moitié seule est conservée. Les différentes figures, qui se distinguent par une grande finesse d'exécution (pl. XI), sont séparées les unes des autres par des colonnettes sculptées et dorées.

Finalement, il convient encore de signaler deux tableaux de 1768, conservés au Musée National de Sofia, issus de l'école locale de Trèvna où la peinture religieuse était aussi florissante. Ils représentent le Christ et le Saint-Nicolas et sont dignes d'attention, du fait qu'ils sont signés. Le Christ est du «portraitiste Papa Vitan de Trèvna» et le Saint-Nicolas du « portraitiste Siméon, du bourg de Trèvna ». Ce bourg, situé dans les Balkans moyens, près de Tirnovo, a, en son temps, joué un rôle important dans la vie intellectuelle du pays.

*
* *

La peinture en miniature a été florissante en Bulgarie surtout au XIVe siècle. Les principaux travaux du genre sont deux manuscrits sur parchemin enluminés et en vieux bulgare. Ils ne se trouvent plus en Bulgarie. L'un est la traduction bulgare de la chronique bien connue de Constantin Manassès. Cette traduction, qui a été faite entre 1356 et 1362 pour le tsar bulgare Ivan Alexandre, se trouve maintenant à la Bibliothèque Vaticane.

Le second manuscrit est un évangéliaire composé pour le même tsar en 1356, par un moine du nom de Siméon, dont on ne sait rien de plus. Cet évangéliaire appartenait autrefois à Lord Robert Curzon, qui l'avait acquis en 1837 au couvent de Saint-Paul sur le Mont Athos pour l'apporter à Londres où il est conservé au Musée Britannique [1].

Malheureusement, un petit nombre seulement des nombreuses miniatures contenues dans ces deux ouvrages (il y en a plus de quatre cents) ont été publiées et ce d'une façon tout à fait insuffisante. Il est par conséquent impossible de porter un jugement plus complet sur ces travaux d'un intérêt capital pour l'histoire de l'ancienne peinture bulgare. Ce qui leur confère une valeur particulière est le fait qu'elles ne représentent pas seulement des scènes religieuses, mais aussi des scènes profanes. C'est seulement par elles que nous sommes en état de connaître l'art profane bulgare, sur lequel nous n'avons pour cette époque que des indications extraordinairement sommaires.

A cet égard, le manuscrit du Vatican est de toute première importance. Il contient, à côté de la traduction bulgare de la chronique de Manassès, de nombreuses additions relatives à l'histoire bulgare, additions qui n'étaient pas contenues dans l'original et qui, écrites à l'encre rouge, sont ainsi mises en évidence déjà dans le texte.

1. *Sbornik za narodni oumotvorenia* (en bulgare), VII, 1892, p. 159 et suivantes, pl. I-V.

Ces additions sont également illustrées de nombreuses
figures représentant différents épisodes de l'histoire bulgare, tels que, par exemple, la décapitation de l'empereur
Nicéphore par le roi bulgare Kroum en 811, le baptême
des Bulgares, la mort du prince Ivan Assen, fils du tsar
Ivan Alexandre, etc. Si pour la plupart des figures de la
chronique, l'artiste a copié les modèles de l'original grec,
pour les additions, il n'a pu que tirer de son propre
fonds ou bien puiser à la source des originaux bulgares.
Dans tous les cas ces figures constituent les documents
les plus importants de la peinture historique bulgare
du xIV^e siècle.

Pendant l'époque de la domination turque, la peinture
en miniature était déjà en décadence manifeste. Des
manuscrits, richement illustrés comme ceux élaborés à
l'intention des tsars bulgares du xIV^e siècle, font maintenant complètement défaut. C'est à peine si l'on trouve,
disséminés çà et là, quelques portraits de saints, comme
par exemple celui de l'évangéliste Marc, peint dans un
manuscrit du xVI^e ou plutôt du xVII^e siècle, provenant du
couvent de Ptchino en Macédoine et conservé maintenant
au Musée National à Sofia (pl. XI).

Par contre, on aimait beaucoup les vignettes coloriées
et les lettres initiales ornées, qui figurent dans presque
tous les manuscrits de valeur de cette période. Ils font
grand honneur au vieil art ornemental bulgare et témoignent du haut degré de perfection qu'il avait atteint ;
c'est pourquoi ils sont d'une importance particulière
pour l'étude de l'ancien art bulgare.

CHAPITRE IV

ARTS APPLIQUÉS

En étudiant les monuments les plus anciens de l'architecture bulgare, nous avons déjà fait allusion à deux branches importantes des arts appliqués au service de l'architecture, à savoir la céramique et l'incrustation des plaques en marbre décoratives.

On a trouvé des fragments de vases d'argile vernissés aussi dans les ruines médiévales de Tirnovo, de Kustendil et de Varna. Ils sont décorés tantôt de motifs floraux ou géométriques, tantôt de figures d'hommes ou d'animaux. Mais ces monuments sont encore trop peu nombreux, pour qu'on puisse faire une étude plus détaillée de la céramique vernissée bulgare du moyen âge.

Les monuments de l'art appliqué du temps du premier Empire bulgare sont d'ailleurs très rares. Ils ne deviennent plus nombreux qu'à partir du XIIIe siècle.

L'art appliqué bulgare du XIII° et du XIV° siècle s'est consacré avec prédilection au service de l'Eglise. Ce sont du moins des objets de piété, en majorité de ce genre, qui nous ont été conservés, et bien qu'il n'y ait pas lieu de douter que l'art appliqué se soit également mis au service de buts profanes, il n'en est pas moins évident que, selon les exigences du temps d'alors, ses meilleures créations ont été destinées à l'Église.

Il faut en premier lieu signaler les ouvrages de la sculpture sur bois, laquelle jouait aussi un grand rôle dans la décoration des vieux palais bulgares, ainsi que nous l'avons déjà constaté (cf. plus loin). Indépendamment des portes et de différents objets servant au culte, la sculpture sur bois avait occasion de se faire hautement valoir sur les grands écrans à trois portes destinés à exposer les saintes images, soit sur l'iconostase qui ferme le chœur des églises orthodoxes. Les vieux maîtres bulgares y trouvèrent un champ d'activité fécond pour le déploîment d'une ornementation extrêmement riche et de vastes conceptions. Mieux que toute autre branche des arts appliqués, la sculpture sur bois nous met en mesure de suivre exactement et à fond le développement et l'évolution de l'art décoratif dans la vieille Bulgarie.

Malheureusement, il n'a été possible de conserver aucune ancienne iconostase intacte. Nous n'en possédons que des parties isolées ou des objets en bois d'un autre genre. Telle est, par exemple, une porte en bois remarquable provenant de la petite église Saint-Nicolas, à Ochrida, dont l'origine remonte au XIVe siècle. La porte elle-même est plus ancienne et est attribuée au XIIe ou au XIIIe siècle [1]. Elle se compose de plusieurs panneaux sculptés, cloués sur une base commune. Les différentes

1. N. P. Kondakoff, *La Macédoine (voyage archéologique)*, Saint-Pétersbourg, 1909, p. 236-239, pl. III.

figures sont empruntées à l'iconographie byzantino-orientale de l'époque la plus reculée. Il se trouve aussi dans la plate-bande inférieure un centaure évoquant les modèles antiques. On a déjà fait remarquer que cette porte présente une étroite parenté avec le fameux bahut de Terracina. Cela nous autorise à supposer que nos panneaux proviennent aussi d'un meuble semblable et qu'ils n'ont été affectés qu'ultérieurement à la décoration de la porte.

Les portes en bois qui se trouvaient il y a peu de temps encore dans une vieille église de Varoche près de Prilep, proviennent d'une époque quelque peu postérieure. Il n'en reste plus que le battant gauche de l'une d'elles. Au milieu, sculpté en relief, se détache un archange qui rentre dans la scène de l'Annonciation, laquelle se terminait sur l'autre battant. Une épigraphe sculptée, en vieux bulgare, figure au haut de la seconde porte. Cette épigraphe a à moitié disparu avec la partie supérieure du battant de droite. N'existent également plus les peintures dont les champs quadrangulaires qui sont au-dessous avaient été recouverts.

L'ornementation consiste principalement en entrelacs et en rosettes, bien que nous trouvions aussi d'autres motifs empruntés au règne animal. Tel est, par exemple, l'aigle tenant un lièvre dans ses serres, qui rentre dans la catégorie des plus anciens motifs byzantins et qui, à cette époque, était particulièrement de mode. Nous le retrouvons aussi sur la porte ci-dessus mentionnée d'Ochrida.

Un chef-d'œuvre magnifique de la sculpture sur bois de la vieille Bulgarie est la porte bien connue du couvent

de Saint-Jean de Rila (pl. XIII). Les rosettes d'entrelacs et les ornements rubanés sont exécutés en partie
dans un travail très finement ajouré. Les champs per-
pendiculaires marginaux, au milieu des deux battants,
sont en outre animés par des représentations d'animaux
bien stylisés et parfois fantastiques. Les rosettes évidées,
en forme d'hémisphère, rendent un brillant témoignage
à la grande habileté technique de l'artiste. Ce qu'il y a de
remarquable, c'est que toutes les rosettes qui nous ont
été conservées présentent des types différents d'entrelacs.

Au couvent de Rila, également, se trouve le trône
dit de Chrel, qui est sans doute l'œuvre du même maître
et de la même époque. Les ornements de la partie supérieure du dossier sont exécutés avec la même finesse et
dans le même style, bien qu'avec d'autres motifs.

Des monuments comme la porte et le trône du couvent
de Rila montrent l'ancienne sculpture sur bois bulgare
à un stade très élevé de son développement. Mais l'ornementation de ces deux œuvres ne semble pas être issue
de la technique du bois elle-même ; d'ailleurs la porte
fait plutôt l'impression d'un travail en bronze, ce qui
s'expliquera suffisamment lorsque nous aborderons
l'étude des travaux sur métaux de la même époque.

Les œuvres les plus importantes dans ce domaine de
l'art sont les revêtements d'argent de plusieurs icones
de l'église Saint-Clément à Ochrida [1]. Ces icones, au

1. N. P. Kondakoff, *La Macédoine*, p. 248-270, pl. V-XII.

nombre de dix, datent en majorité du XIVe siècle et quelques-unes même du XIe ou du XIIe siècle. Les images paraissent avoir été retouchées ultérieurement. Les plaques d'argent sont apposées de telle manière qu'elles laissent l'image à découvert et recouvrent tout le reste du bois, y compris le cadre.

Parmi les plus anciens exemplaires, il convient de signaler deux icones représentant l'Annonciation, divisée en deux parties. Autant qu'on peut en juger par ce qu'il en reste, la couronne de l'archange était au début émaillée. La décoration du revêtement d'argent consiste principalement en motifs floraux réunis par des ornements en spirales. Sur le bord, il y a des figures de saints en relief repoussé.

Tout autre est l'ornementation que nous trouvons sur quelques exemplaires provenant du XIIIe siècle et du XIVe siècle, comme, par exemple, sur l'icone du Christ (pl. XIV). Les différents motifs y sont beaucoup plus stylisés et donnent l'impression de véritables arabesques. Les rosettes hémisphériques d'entrelacs sont particulièrement remarquables ; elles ressemblent à celles que nous avons trouvées sur la porte sculptée du couvent de Rila.

Il serait d'une importance capitale de pouvoir établir où ces icones ont été faites et par quel maître. Comme il n'est pas possible de donner dès maintenant une réponse satisfaisante à cet égard, nous voudrions du moins attirer l'attention sur quelques circonstances qui ont leur signification pour la réponse à fournir.

Il n'y a aucun motif de mettre en doute l'origine locale de ces icones, d'autant plus que l'on ne connaît pas de travaux analogues d'autre provenance. Ce qui est plus délicat, c'est de discerner si elles sont l'œuvre d'artistes bulgares ou bien d'artistes grecs. Si le lieu où l'on a trouvé ces icones plaide en faveur de la première solution, on pourrait par contre faire valoir en faveur de la seconde la langue grecque des inscriptions qu'elles portent. Mais cette particularité n'est pas concluante, étant donné, ainsi que nous l'avons vu, que des maîtres bulgares ont eux aussi, employé la langue grecque, qui a été pendant un temps en Bulgarie la langue préférée de tous les intellectuels, comme le latin l'était dans l'Occident.

Ce qui paraît plus important, c'est que certaines icones offrent une ornementation et révèlent une technique éminemment orientale et que ce sont précisément les caractères orientaux qui, comme nous l'avons vu plus haut, distinguent les œuvres de l'ancien art bulgare.

A cela s'ajoute qu'en d'autres endroits de la Bulgarie, nous trouvons des travaux analogues. Outre l'icone connue de la Vierge avec inscription géorgienne, qui se trouve dans le couvent de Batchkovo et date de 1310, il y a lieu de prendre en considération celle dont le revêtement en argent a été légué à Mésembria en 1342 par un oncle du tsar bulgare Ivan Alexandre. L'icone se trouve maintenant au Musée national à Sofia. L'image elle-même a été repeinte plus tard, ou du moins très visiblement rafraîchie. Le revêtement original lui-même n'est pas resté complètement intact. Il manque presque partout sur le cadre, où il a été remplacé en partie par des lamelles d'argent d'une époque postérieure et d'une ornementation plus négligée. Cependant, ce qu'il en reste suffit amplement à prouver l'étroite parenté de ce revêtement d'argent avec les travaux analogues d'Ochrida. Les caractéristiques rosettes hémisphériques, là aussi, ne manquaient pas, ainsi que le prouve le vide laissé sur le côté droit du cadre par la chute d'une de ces rosettes.

Les objets de parure en or et en argent de l'époque, tels que boucles d'oreilles et bracelets, présentent également l'entrelacs et la double rosette hémisphérique comme motifs principaux d'ornementation. Certains objets trouvés près du village de Draguijévo, dans le voisinage de Tirnovo, maintenant conservés au Musée national à Sofia, méritent une mention particulière parce que, d'après les monnaies trouvées en même temps, ils peuvent être attribués plus sûrement à la première moitié du XIVe siècle. Les bracelets ouverts tissés en gros fils d'argent sont caractéristiques pour cette époque et sont fréquents en Bulgarie. Les grandes boucles d'oreilles, montées souvent de pierres de couleur, semblables à celles que l'on a trouvées à Draguijévo, n'étaient pas portées directement à l'oreille, mais suspendues à des cordons.

L'effet décoratif des travaux sur métal était très fréquemment augmenté par l'emploi de l'émail, ainsi que nous l'avons déjà remarqué à propos des icones d'Ochrida. D'autres objets émaillés de la même époque sont conservés au Musée national à Sofia. Un médaillon en bronze de Tirnovo, au fond recouvert d'émail rouge, reproduit d'une manière grossière deux lions vigoureusement stylisés. Un dyptique en or, qu'il faut attribuer vraisemblablement aussi au XIe ou au XIIe siècle, est d'une facture beaucoup plus fine. Il est exécuté d'après la technique de l'émail cloisonné, en couleurs bleue, verte, blanche et rouge.

Bien que nous ne possédions actuellement qu'un petit nombre d'objets de ce genre, il est néanmoins possible de s'imaginer ce que fut l'orfèvrerie au XIIIe et au XIVe siècle, car ils résument les qualités et les tendances de cet art qui fut des plus prospères dans les siècles suivants en Bulgarie, et des plus populaires.

*
* *

La domination turque en Bulgarie a exercé une grande influence sur les conditions économiques. La répugnance du peuple dominant à l'égard de tout travail manuel, le caractère primitif des voies et moyens de communication et un commerce extérieur mal organisé, stimulèrent l'exercice des métiers et des arts appliqués dans la population bulgare des villes. Là même où la populat'on était mélangée, ces deux branches d'activité étaient presque exclusivement en mains des Bulgares, qui se trouvaient être beaucoup plus libres et pouvaient exceller de façon beaucoup plus intense dans les arts appliqués que dans tout autre domaine artistique.

L'art appliqué bulgare de cette époque a eu un carac-

tère populaire incontestable. Les maîtres appartenaient
à la classe populaire et ne travaillaient presque exclusivement que pour elle. Ils ne passaient pas par d'écoles
spéciales et l'art officiel de la capitale leur demeura
toujours étranger. Ils ne s'inspiraient que des traditions
artistiques demeurées vivantes dans les masses populaires, traditions qui seules leur donnaient le ton. Aussi,
les produits de l'art appliqué bulgare, même ceux de
l'époque moderne, renferment-ils fréquemment de très
anciens éléments, tant au point de vue des formes qu'à
celui de l'ornementation.

L'art populaire est toujours extrêmement conservateur. Cela est surtout vrai pour l'art appliqué bulgare
qui a beaucoup moins subi les influences étrangères que
la vieille architecture et la vieille peinture bulgares. En
conséquence, si l'on veut étudier à fond le caractère
de l'art populaire bulgare, il faut considérer en première
ligne les produits de l'art appliqué, soit les ornements et
les riches broderies du costume populaire.

Nous ne pouvons pas entrer dans des détails au sujet
de cette spécialité qu'il conviendrait de traiter dans un
autre cadre que celui du présent livre. C'est pourquoi
nous n'attirons l'attention que sur certains travaux en
métal, en partie émaillés, en partie ornés de pierres en
couleurs — les uns et les autres accessoires particulièrement caractéristiques des anciens costumes populaires —
tels que boucles de ceinture, diadèmes, colliers, boucles
d'oreilles et bracelets. En ce qui concerne les broderies, on
ne saurait être mieux renseigné qu'en consultant les

deux magnifiques albums édités par le Ministère bulgare
du commerce, qui en contiennent un grand nombre de
spécimens caractéristiques excellemment reproduits en
couleurs.

C'est précisément dans ces travaux, dans les lourdes
formes et dans la décoration vigoureusement stylisée
des bijoux, dans les modèles de broderies chatoyantes et
bigarrées comme des tapis d'Orient, que nous trouvons le
mieux conservés les traits caractéristiques de l'ancien
art bulgare. La trame orientale prononcée n'est pas une
conséquence de la domination turque, mais, ainsi que
nous l'avons vu plus haut, est bien plutôt un élément
primordial, un apanage de l'art bulgare le plus ancien,
lequel est lui-même d'origine orientale. On ne saurait
donc prétendre que les Turcs ont exercé une influence
décisive dans ce domaine, puisqu'on ne trouve rien de
semblable chez eux.

D'autres produits de l'art appliqué, destinés à un usage
plus relevé et que l'on peut considérer comme des chefs-
d'œuvre du genre, nous paraissent être plus importants
que ces bijoux et ces broderies, dont la valeur est plutôt
ethnographique. Tels sont d'abord les objets du culte,
principalement en métal, et les sculptures sur bois.

La ville de Tchiprovtsi en Bulgarie du nord-ouest fut
pendant un certain temps le centre de fabrication le
plus important de ces objets précieux en or, en argent et
en bronze. Les maîtres de cette ville étaient réputés par
leur habileté, notamment aussi en ce qui concerne
l'emploi de l'émail ; leurs œuvres, dont plusieurs sont

signées, se retrouvent dans toute la Bulgarie. Je citerai comme exemple la grande coupe en argent dorée, en partie émaillée, de l'année 1644, coupe qui se trouve présentement au couvent de Batchkovo. Elle est ornée d'un grand nombre de scènes religieuses. D'après l'inscription détaillée, en langue bulgare, qu'elle porte, elle a été fabriquée à Tchiprovtsi et léguée par un certain Théodossi de Pechtéra. Au Musée national de Sofia, une croix d'argent également du xviie siècle, décorée de reliefs repoussés et d'ornements gravés, a la même provenance.

Le « Trésor » du couvent de Batchkovo renferme toute une série de vases émaillés et en partie sertis de pierres en couleurs ; nous en réproduisons quelques spécimens sur la planche XV. Les uns sont du xviie siècle, les autres du début du xviiie siècle. Il est malheureusement impossible d'indiquer l'endroit où ils ont été fabriqués. Il est toutefois permis d'admettre qu'il s'agit non pas de Tchiprovtsi, mais bien d'une ville de la Bulgarie méridionale, soit de Philippople ou Tatar-Pazardjik, où l'art de l'orfèvrerie était en grand honneur également.

Il est à remarquer que l'influence turque est déjà perceptible sur ces vases, ce que prouve par exemple clairement l'ornementation de la cassette reproduite sur la planche XV, 1. La cruche émaillée (planche XV, 3) qui se trouve également au couvent de Batchkovo est un travail purement turco-persan, tant au point de vue de la forme que de l'ornementation, bien qu'elle porte

LE CHRIST BÉNISSANT ; ICONE DE L'ÉGLISE DE SAINT-CLÉMENT
A OCHRIDA

(XIIIᵉ-XIVᵉ siècles.)

une inscription bulgare et qu'on puisse, par conséquent, l'attribuer à un maître bulgare.

Au surplus, l'influence turque est beaucoup plus intense dans les travaux d'orfèvrerie de prix, auxquels les artistes s'appliquaient à donner une plus grande richesse d'ornements et puisaient leurs inspirations aux sources les plus différentes, sans s'inquiéter de l'unité de style, à l'inverse de la méthode suivie pour les ornements destinés aux costumes populaires, ornements étroitement dépendants d'une tradition séculaire. Bien turque est en effet l'ornementation d'une coupe en argent dorée conservée au Musée national de Sofia et sur le fond de laquelle figure le portrait de saint Nicolas. La légende bulgare qu'elle porte relate qu'elle a été fabriquée en 1578, à Sofia même, par un maître bulgare.

Parmi les autres objets, portant une date précise et ayant, pour ce motif, une valeur particulière au point de vue de l'histoire de l'art, il convient de mentionner deux reliures d'évangiles avec ornements métalliques, conservés l'un et l'autre au Musée national de Sofia ; ils portent également des inscriptions bulgares avec le nom de l'artiste. L'un, de l'année 1596, provient des environs de Chtip en Macédoine, l'autre est de Philippople et porte la date de 1743.

Signalons encore le gradin d'autel, en argent, de l'église de la Vierge à Tatar-Pazardjik, bien qu'il soit du début du XIXe siècle, parce que conformément à l'inscription qu'il porte, il est l'œuvre de maîtres bulgares indigènes qui ont étroitement imité des modèles anciens.

En évidant une variété particulière de citrouilles, à long pédoncule régulièrement arqué, on parvenait à fabriquer des coupes très communes en Bulgarie. On ne tarda pas à en faire des imitations en métal. Le couvent de Rila en possède deux beaux exemplaires en argent, datant de 1797 et 1799. L'anse de ces deux coupes se termine par une tête de lion vigoureusement stylisée, dénotant une étroite parenté avec certains produits de l'art bulgare le plus ancien (cf. pl. I, 3).

*
* *

Les sculptures sur bois de l'époque de la domination turque continuent les traditions des œuvres du xive siècle. L'entrelacs et la rosette entrelacée restent d'abord les motifs principaux de la décoration. Nous les retrouvons richement exécutés sur une porte du couvent de Sleptcha, près de Bitolia en Macédoine, remontant vraisemblablement au xve siècle. Dans les entrelacs extraordinairement compliqués des deux champs supérieurs, on distingue nettement, comme motif principal, la croix au milieu de laquelle figurent, à gauche, la Vierge en prière avec le médaillon du Christ, à droite, le Crucifiement; tout autour sont entrelacés des bustes de saints et de prophètes ; des légendes explicatives en langue bulgare figurent dans la partie gauche. Une porte à deux battants, du dit couvent, est de la même époque et de même style, quoique plus simplement exécutée. Au haut, figurent des portraits de saints et, au bas, des animaux de tous genres alternant avec des personnages profanes. Au milieu du battant de gauche, un joueur de « gousla » fait pendant à un joueur de « tamboura » sur le battant de droite.

L'évolution accomplie dans l'ornementation à entrelacs géométriques peut être étudiée sur une quantité de portes d'iconostases du xvᵉ au xviiᵉ siècle. Signalons, tout d'abord, la porte de l'église de Sainte-Petka à Tirnovo qui semble provenir encore du xvᵉ siècle. L'ornement d'entrelacs, très simple, à plat, se distingue par sa netteté. Sur la porte de l'église de Saint-Clément à Ochrida, porte à peu près d'un siècle plus récente, le motif d'entrelacs se décompose par contre dans un dessin irrégulier, où paraissent déjà quelques décors floraux. Ce n'est que dans la partie inférieure que subsistent les anciennes rosettes entrelacées.

Deux autres portes du xviiᵉ siècle, l'une de la chapelle de l'église du Sauveur à Arbanassi, l'autre de l'église paroissiale de Bojénitsa près d'Orkhanié, permettent de suivre le rôle croissant des motifs floraux. Sur la porte principale de l'iconostase de l'église du Sauveur à Arbanassi, porte qui est de la fin du xviiᵉ siècle, les entrelacs géométriques se trouvent déjà remplacés par des entrelacs floraux bien stylisés.

Finalement, il convient de mentionner encore une porte et une armoire de la mosquée de Pazvantoglou à Vidine, œuvres de maîtres bulgares de la fin du xviiiᵉ siècle. Leur ornementation est basée également sur des motifs floraux habilement stylisés, qui rappellent la décoration de la porte de l'église du Sauveur à Arbanassi.

L'étude des iconostases entières vient confirmer ce qui a déjà été constaté à l'aide des portes isolées. La plus ancienne qui nous soit complètement conservée est indubitablement celle de l'église de Saint-Vratch à Ochrida, qu'il faut encore attribuer au XVIe siècle. Les colonnes en bois sculpté de la partie inférieure sont surtout intéressantes, tandis que la porte même de l'iconostase ne présente qu'un simple ornement d'entrelacs formé de cercles concentriques. La croix et les icones de la partie supérieure, par contre, nous montrent déjà des motifs floraux bien stylisés.

L'ornementation de l'iconostase de l'église un peu plus récente des Saints-Pierre-et-Paul à Tirnovo est analogue, mais d'exécution beaucoup plus fine; remarquons toutefois que la porte de cette iconostase n'en fait pas partie car elle provient de la seconde moitié du XVIIIe siècle.

Seules, les œuvres de la fin du XVIIe ou du commencement du XVIIIe siècle peuvent nous donner suffisamment une idée de l'effet d'ensemble des iconostases sculptées. Prenons, par exemple, l'iconostase de l'église Saint-Georges à Arbanassi. L'entrelacs géométrique s'y marie à l'envi à des entrelacs floraux vigoureusement stylisés, dans une combinaison extraordinairement riche de détails où les motifs floraux sont prédominants. Les ornements exécutés la plupart en travail ajouré témoignent d'une complète maîtrise de cette technique difficile. Les différents motifs s'étalent en bandes étroites se répétant sans cesse et cependant paraissant toujours nouveaux et variés, grâce à de petites modifications partielles.

VASES EN MÉTAL ÉMAILLÉ DU COUVENT DE BATCHKOVO

(XVIIe-XVIIIe siècles.)

Ces riches entrelacs floraux sont d'un charme artistique considérable, car on n'éprouve nullement le sentiment de fatigue qu'engendrerait une succession rigide de formes strictement géométriques. L'impression de variété est si puissante qu'il faut y regarder de très près pour retrouver de la similitude dans les motifs fondamentaux.

La construction architecturale des iconostases témoigne aussi d'une haute inspiration décorative. Les images des saints sont régulièrement séparées les unes des autres par des colonnettes en saillie. A mesure que l'observateur les considère en promenant ses regards de bas en haut de la paroi, il constate que les figures deviennent de plus en plus petites et les ornements de plus en plus légers. Le tout donne l'impression d'une façade symétriquement et richement ordonnée aux fenêtres de laquelle apparaissent les images des saints.

Cet art a atteint son apogée au commencement du XIXe siècle, alors que la construction de nombreuses et importantes églises ouvrait un vaste champ d'activité à la sculpture sur bois. L'exécution d'une iconostase était une entreprise difficile et de longue haleine qui exigeait le concours de plusieurs artistes formés à la même école, se répartissant le travail et se conformant aux instructions d'un seul maître.

Grâce à l'analogie des méthodes de travail résultant du fait que les collaborateurs ont reçu la même culture, on constate souvent dans une iconostase une harmonie de style frappante bien que ses diverses parties soient l'œuvre de mains différentes.

Dès qu'un travail était terminé, on acceptait une offre dans une localité située parfois dans une région complètement à l'opposé. C'est pourquoi, des œuvres des mêmes maîtres se trouvent en des endroits très éloignés les uns des autres.

La sculpture sur bois était souvent pratiquée comme une tradition dans certaines familles, de sorte que les fils l'apprenaient de leurs pères pour la transmettre eux-mêmes à leurs descendants. De cette façon, des écoles de sculpture sur bois furent créées, pour ainsi dire, en certains endroits au cours des temps.

Les plus importantes étaient celles de Débra, en Macédoine occidentale, et de Samokov, au pied du massif de Rila. Les maîtres de la première de ces écoles ne venaient pas de Débra même, mais, pour la plupart, des environs de cette ville. Les mieux doués d'entre eux étaient originaires de la petite cité, exclusivement bulgare, de Galitchnik, située en pleine montagne, à une haute altitude. L'école de Samokov, de date plus récente, doit principalement sa prospérité aux grands travaux que nécessita la reconstruction du couvent de Rila.

Les pampres et les rosiers, symboles des principales cultures du pays, constituaient les motifs dominants de l'ornementation des iconostases de cette époque. Toutefois, ce thème était traité de façon beaucoup plus naturaliste qu'auparavant. Les artistes y intercalaient fort habilement différents animaux, surtout des oiseaux et des êtres fabuleux ailés, tels que dragons et griffons, ainsi que

des types humains ou bien des scènes entières tirées
de l'Ancien et du Nouveau Testament.

Visant constamment à l'effet décoratif, les maîtres
apportèrent une richesse et une variété admirables dans
la décoration des différentes parties de l'iconostase. Ce
sont justement les détails qui charment l'œil du spectateur sans le lasser jamais, captivant son esprit et retenant
son attention. Personnages et ornements ont été exécutés
en reliefs rehaussés et le plus souvent ajourés, si bien que
chaque motif se détache complètement sur le fond et produit des ombres profondes qui en augmentent considérablement l'effet plastique.

Les influences de l'Occident se sont fait sentir, elles
aussi, à cette époque, car dans la recherche de nouveaux
motifs, il avait fallu puiser aux sources les plus diverses.
A côté des formes traditionnelles remontant encore en
partie à l'époque du christianisme primitif, formes restées
en vogue en Orient à travers le moyen âge, surgissent
alors des éléments que nous pouvons classer dans le genre
baroque ou rococo. En dépit de cet éclecticisme excessif
et sous l'inspiration d'un sens vraiment artistique, les
maîtres ont si bien réussi à concilier ces motifs divers que
leurs œuvres produisent une impression d'unité et d'harmonie parfaite.

Le nombre des iconostases sculptées du XIXe siècle
est considérable ; c'est pourquoi nous ne pouvons pas les
étudier ici en détail. Nous devons nous borner à relever
simplement quelques œuvres particulièrement importantes, provenant des deux écoles sus-mentionnées,

œuvres qui sont d'ailleurs caractéristiques du genre en question.

Une des œuvres les plus marquantes de l'école de Débra est l'iconostase de l'église du couvent de Saint-Jean-de-Bigor près de Débra. Nous relevons surtout, à cause de leurs nombreuses figures, les parties qui se trouvent au-dessous des grandes images sacrées. Nous y voyons, par exemple, quelques scènes ayant trait à la vie de saint Jean-Baptiste ou des épisodes de l'Ancien Testament, tels que les Raisins de Canaan, le Sacrifice d'Abraham, etc. Les maîtres qui ont collaboré à l'exécution de l'iconostase se sont représentés eux-mêmes avec leurs outils. Parmi les œuvres les plus remarquables figure encore un baldaquin suspendu dans ladite église ; il est orné également de nombreuses figures.

Une iconostase semblable issue sans aucun doute des mêmes maîtres se trouve encore dans l'église de Saint-Spasse à Skopié. L'ornementation, la technique et le style des personnages sont exactement les mêmes que ceux de Bigor.

Ici encore sous les grandes images de saints se trouvent des scènes de l'Ancien et du Nouveau Testament. A gauche de la porte principale, nous voyons, au milieu, l'*Ascension du Christ*, à gauche, la *Nativité* et la *Fuite en Egypte*, à droite, le *Sacrifice d'Abraham* et au-dessous un cavalier en costume de Débra avec son cheval. Une *Présentation de la Vierge*, flanquée de deux lions héraldiques, occupe le milieu de la partie qui se trouve à droite de la porte principale ; à gauche, la *Naissance de la*

Vierge, à droite, l'*Annonciation*, en haut et en bas plusieurs oiseaux dans les pampres et dans le coin supérieur de gauche est intercalé un agneau.

Ici, comme à Bigor, les artistes de l'iconostase se sont représentés dans un coin. Une inscription à moitié effacée nous fait connaître leurs noms : Petré, Makaria et Marko, qui se donnent comme Bulgares de Mala-Réka, dans le voisinage de Débra. L'inscription porte la date de 1824, de sorte que nous sommes autorisés à admettre approximativement la même époque d'exécution pour l'iconostase de Bigor, laquelle doit provenir des mêmes artistes, ainsi que nous l'avons déjà fait remarquer.

Une autre œuvre semblable de l'école de Débra, datant probablement de 1832, est l'iconostase de l'église de la Vierge à Tatar-Pazardjik. Sur le panneau supérieur, à droite de la porte principale, sont représentés : au milieu, l'*Ascension*, à gauche, la *Nativité* et à droite, le *Sacrifice d'Abraham* et la *Fuite en Égypte*. Sur le panneau supérieur, à gauche de la porte, on voit : au milieu, la *Présentation au Temple*, avec une reproduction détaillée du Temple, et dans le coin supérieur de droite, une petite reproduction, l'*Annonciation* ; dans l'entrelacs, de plus, quelques animaux. La *Chute de l'homme* et, à gauche, l'*Expulsion du Paradis* se trouvent représentées sur les deux panneaux inférieurs, près de la porte de l'iconostase.

L'iconostase de Tatar-Pazardjik se distingue des deux iconostases précédentes au point de vue du style, bien que les techniques soient identiques. Les feuilles sont plus linéaires et plus fines, et les personnages, sveltes de stature, son: en contraste frappant avec les personnages massifs et quelque peu corpulents de Bigor et de Skopié. Sous ce rapport, l'iconostase de Tatar-Pazardjik est en tous points semblable à celle de l'église de Saint-Nicolas à Prichtina. Il n'est donc pas impossible que les deux œuvres, similaires à plus d'un détail, aient été exécutées par les mêmes artistes.

L'école de Samokov, florissante également au commencement du XIXᵉ siècle, s'est engagée sur une autre voie. Ses œuvres principales, qui se trouvent au couvent de Rila, montrent que les maîtres de Samokov se servent, eux aussi, des figures d'animaux comme d'éléments décoratifs, mais qu'ils évitent les grandes compositions avec des personnages nombreux. Par contre, ils ont donné une impulsion encore plus forte à l'ornementation florale, tout en subissant aussi l'influence de l'Occident. Leurs travaux, exécutés avec beaucoup de finesse et d'élégance, s'écartant franchement des tendances populaires quelque peu naïves de l'école de Débra, sont les fruits d'une éducation professionnelle toute de distinction et de science.

Les iconostases de la grande église du couvent de Rila (pl. XVI) et de l'église de la Vierge à Samokov sont les œuvres les plus remarquables de l'école en question. Une autre iconostase dans le Paraklis du couvent de Rila, d'une ornementation complètement différente, nous prouve toutefois que ces maîtres s'engageaient, à l'occasion, dans des voies tout à fait divergentes et arrivaient ainsi à créer des œuvres d'une originalité spéciale.

Ce serait certainement une tâche intéressante d'examiner à fond l'origine de cet art des iconostases qui fut si florissant en Bulgarie, de suivre les phases successives de son développement, d'étudier ses relations avec la sculpture sur bois dans d'autres contrées de l'Orient, notamment avec l'art du Mont Athos, et d'établir à quelles sources il s'est si diversement inspiré. Ce qui rend une étude pareille extrêmement difficile, c'est que les documents nécessaires n'ont pas encore pu être rassemblés et que nous ne connaissons pas suffisamment les étapes les plus anciennes dans le développement de l'art des iconostases.

Toutefois, il est certain qu'il ne s'agit pas d'une création moderne, mais bien plutôt d'un art issu d'une tradition très ancienne et conservant des particularités qui sont l'apanage de l'ancien art bulgare. Il est particulièrement instructif à cet égard de signaler le fait que, parmi les monuments les plus anciens, c'est la fameuse façade en pierre de Mchatta en Syrie, actuellement à Berlin, qui offre les analogies les plus frappantes avec les iconostases bulgares. Non seulement la technique est la même, malgré l'emploi de matériaux différents, mais encore l'ornementation dérive de la même inspiration et est constituée d'éléments à tel point similaires qu'on croit se trouver en présence d'ouvrages très étroitement apparentés, bien que la façade en pierre de Mchatta soit à peu près de dix siècles plus âgée que les iconostases bulgares précitées.

 L'ANCIEN ART BULGARE

Il convient encore de constater, que les scènes de l'Ancien Testament, qu'on trouve souvent sur les icónostases, sont étrangères à l'iconographie byzantine officielle et que, pour cette raison, elles manquent aussi dans la peinture murale de la même époque.

ICONOSTASE DE L'ÉGLISE PRINCIPALE DU COUVENT DE RILA

(Début du XIXᵉ siècle.)

CHAPITRE V

L'ART BULGARE
ET L'ART BYZANTIN

Nous avons essayé, autant que le manque de publi-
cations antérieures et de recherches spéciales le permet,
d'exposer sommairement les diverses phases de l'évolution de l'ancien art bulgare jusqu'au début de l'époque
moderne. Nous nous sommes appliqués à mettre en évidence les traits qui le caractérisent et à chercher à faire
comprendre les principes qui ont présidé à ses diverses
manifestations. Il est avéré que l'art bulgare n'a rien
perdu de sa vitalité et de sa vigueur créatrice par suite des
circonstances défavorables qu'avait entraînées la domination turque et que, d'autre part, il avait conservé son
indépendance, bien qu'il ait adopté des éléments étrangers.
La flamme des traditions artistiques ne s'éteignit pas
dans le peuple ; au contraire, elle n'avait besoin que d'un
stimulant extérieur pour se ranimer et briller du plus vif
éclat.

C'est ainsi que la peinture murale religieuse et la sculpture sur bois prirent un essor remarquable au début
du XIXe siècle, en suite du réveil national des Bulgares

La lutte qu'ils eurent à soutenir pour obtenir leur liberté nationale, en mettant à l'épreuve toutes les énergies de la nation, fut précisément cet aiguillon qui stimula vivement son activité artistique. Ce renouveau créateur prouve combien le sens artistique était profondément enraciné dans l'âme bulgare et quel rôle prépondérant il a de tout temps joué dans la vie spirituelle de la nation.

Néanmoins, on pourrait objecter que les monuments artistiques bulgares n'étaient rien d'autre que des œuvres de l'art byzantin et que, par conséquent, nous ne saurions parler d'un art ancien bulgare comme d'un art différent de l'art byzantin. Pour nous rendre compte du bien-fondé de cette objection, il convient de déterminer avec plus de précision la position de l'art ancien bulgare par rapport à l'art byzantin.

Il serait inopportun de s'étendre ici sur la nature, les origines et le développement de l'art byzantin ou, plus exactement, du style byzantin. Nous nous bornerons à faire observer que ce style n'a pas été créé dans un seul centre, mais qu'il apparaît bien plutôt comme le résultat de courants artistiques très différents, tirant leur origine de tous les pays bordant les eaux orientales de la Méditerranée. A sa formation ont contribué toutes les provinces de l'ancien Empire byzantin, y compris la Bulgarie dans ses limites actuelles. Comme nous l'avons déjà relevé, les régions bulgares actuelles constituaient, dès le Bas-Empire, un important point de croisement des courants artistiques grecs, romains et orientaux.

Pour ces mêmes raisons, on n'est pas fondé de considérer l'art byzantin comme un art grec, ainsi qu'on le fait parfois. Bien au contraire, il faut bien entendre que l'art byzantin s'est développé en pleine opposition à l'art grec antique et que, par conséquent, rien n'autorise à le considérer comme un art grec. Ce n'est pas en Grèce qu'il faut chercher ses origines, dans cette Grèce qui, à l'époque du Bas-Empire, se trouvait déjà en pleine décadence, mais bien plutôt dans l'Orient, si riche en anciens trésors culturels.

Il est vrai que l'art byzantin comporte un très grand nombre d'éléments hellénistiques. Cependant, ces éléments s'y sont introduits non pas directement de la Grèce, mais par l'intermédiaire de l'Egypte, de la Syrie et de l'Asie Mineure, sous une forme déjà orientalisée.

Au surplus, l'art byzantin peut tout aussi bien être attribué à un seul peuple que l'art roman ou l'art gothique de l'Occident. Il a un caractère international plutôt que national. Les désignations de « byzantin », « roman » et « gothique » n'ont trait qu'au style, et non pas à l'ensemble de toutes les œuvres artistiques créées dans les limites d'une seule nation déterminée. En nous plaçant déjà à ce point de vue purement formel, nous serions fondé de parler à bon droit d'un art proprement bulgare coexistant avec l'art byzantin ou placé dans son cadre, de même qu'il est permis de parler d'un art français, italien ou allemand à côté ou dans le cadre de l'art roman et de l'art gothique.

Nous avons vu que les monuments les plus anciens de l'art bulgare portent un caractère éminemment oriental et qu'ils apparaissent tout d'abord comme très indépendants à l'égard de Byzance. Cependant, à la suite de l'introduction officielle du christianisme en Bulgarie, l'influence byzantine s'est fait sentir de plus en plus, en amenant un compromis entre l'art ancien bulgare et l'art byzantin. L'évolution de ce procès ne doit pas être prise au sens d'une absorption pure et simple de l'art ancien bulgare par l'art byzantin, sans que le premier conservât certaines de ses particularités et son indépendance comme puissance créatrice et donatrice. Pour difficile qu'il soit de préciser pour le moment ces particularités à lui, son évolution postérieure dans les limites nationales de l'État bulgare et, particulièrement, sa vitalité sous la domination turque prouvent néanmoins qu'il a été déjà à même d'avoir une existence propre à lui, indépendamment de Byzance.

. L'éminent savant français, M. Gabriel Millet, a publié récemment un ouvrage excellent sur l'*École grecque dans l'architecture byzantine*, où il démontre que l'architecture grecque du moyen âge se trouvait sous l'influence non pas tant de Constantinople que de l'Asie Mineure et de la Syrie. C'est cette indépendance de la Grèce par rapport à Byzance qui autorise M. Millet de parler d'une école spéciale grecque dans l'architecture byzantine.

Les conclusions de M. Millet ont une importance capitale, puisqu'elles réfutent formellement le dogme de l'unité de l'art byzantin ayant son centre à Constantinople, et qu'elles démontrent que les œuvres artistiques des régions entrant dans la sphère de l'influence byzantine ou faisant partie de l'Empire byzantin, ont leurs particularités locales et ne suivent pas toujours l'exemple de la capitale. C'est ainsi que l' « art byzantin » en Bulgarie apparaît sous une forme un peu spéciale et diffère considérablement de l' « art byzantin » en Grèce, en Serbie ou en Roumanie. Ces particularités, résultant d'une multiplicité de facteurs ethniques et culturels, méritent une attention toute spéciale, puisque ce sont précisément elles qui constituent l'empreinte caractéristique de l'art national.

C'est dans ce sens que nous sommes entièrement autorisés de parler d'un art spécial bulgare. Cet art, dont nous avons examiné les manifestations plus haut, ne peut s'expliquer comme tout simplement une émanation provinciale de l'activité artistique de Constantinople. Il a sa vie à lui et ses propres forces productrices qui lui fournissent la possibilité, comme nous l'avons déjà vu, non seulement de manifester sa vitalité et de créer des œuvres d'une valeur artistique durable, mais aussi d'exercer, de son côté, une influence considérable sur les autres pays voisins.

TABLE DES PLANCHES

TABLE DES MATIÈRES

ÉVREUX, IMPRIMERIE CH. HÉRISSEY

LIBRAIRIE FÉLIX ALCAN, 108, boulevard Saint-Germain, Paris

(Extrait du Catalogue)

ESTHÉTIQUE

ARRÉAT (L.). **Mémoire et imagination** (Peintres, musiciens, poètes, orateurs). 2e édition. 1 vol. in-16.

— **Art et psychologie individuelle.** 1 vol. in-16.

BOURDEAU (L.). **Histoire de l'habillement et de la parure.** 1 vol. in-8, cart. à l'angl.

BOURDON, professeur à l'Université de Rennes. **L'expression des émotions.** 1 vol. in-8.

BRAUNSCHVIG, docteur ès lettres. **Le sentiment du beau et le sentiment poétique.** 1 vol. in-8.

BRAY (L.). **Du beau.** 1 vol. in-8.

DAUZAT. **Le sentiment de la nature et son expression artistique.** 1 vol. in-8.

DRAGHICESCO (D.). **L'idéal créateur.** 1 vol. in-8.

DUSSAUZE (H.), docteur ès lettres. **Les règles esthétiques et les lois du sentiment.** 1 vol. in-8.

FAUCONNET (A.), docteur ès lettres. **L'esthétique de Schopenhauer.** 1 vol. in-8.

FIERENS-GEVAERT. **Essai sur l'art contemporain.** 2e éd. (Couronné par l'Académie française). 1 vol. in-16.

— **Nouveaux essais sur l'art contemporain.** 1 vol. in-16.

— **Psychologie d'une ville.** Essai sur Bruges. 3e édit. 1 vol. in-16.

GRAMONT-LESPARRE (A. de). **Essai sur le sentiment esthétique.** 1 vol. in-8.

GUIGNET (E.), directeur des teintures aux Manufactures nationales des Gobelins et de Beauvais, et **GARNIER**, conservateur du Musée de Sèvres. **La céramique ancienne et moderne.** 1 vol. in-8, ill., cart. à l'angl.

GUYAU (M.). **L'art au point de vue sociologique.** 8e édit. 1 vol. in-8.

HERCKENRATH (C. R. C.). **Problèmes d'esthétique et de morale.** 1 vol. in-16.

HIRTH (G.). **Physiologie de l'art.** Trad. et introd. par L. Arréat. 1 vol. in-8.

LALO (Ch.), docteur ès lettres. **Esthétique musicale scientifique.** 1 vol. in-8.

— **L'esthétique expérimentale contemporaine.** 1 vol. in-8.

— **Les sentiments esthétiques.** 1 vol. in-8.

LOMBROSO (César). **L'homme de génie.** [illegible] édit. 1 vol. in-8, avec planches.

MARLIAVE (de). **Études musicales.** 1 vol. in-16.

NORDAU (Max). **Psycho-physiologie du génie et du talent.** Traduit par A. Dietrich. [illegible] édit. 1 vol. in-16.

PAULHAN (Fr.), correspondant de l'Institut. **Le mensonge de l'Art.** 1 vol. in-8.

— **Psychologie de l'invention.** 1 vol. in-16.

— **L'esthétique du paysage.** 1 vol. in-16, avec 14 planches hors texte.

PÉLADAN. **La philosophie de Léonard de Vinci.** 1 vol. in-16.

PÉRÈS (Jean), professeur au lycée de Caen. **L'Art et le réel.** 1 vol. in-8.

PIDERIT. **La mimique et la physiognomonie.** Traduit de l'allemand par M. Girot. 1 vol. in-8.

PIERQUIN (Hubert). **Les lettres, les sciences, les arts, la philosophie et la religion des Anglo-Saxons.** 1 vol. in-8.

PRAT (Louis), docteur ès lettres. **L'art et la beauté.** 1 vol. in-8.

RIBOT (Th.), de l'Institut. **Essai sur l'imagination créatrice.** [illegible] édit. 1 vol. in-8.

ROUCHES (G.), bibliothécaire à l'École des Beaux-Arts, docteur ès lettres. **La peinture bolonaise à la fin du XVIe siècle (1575-1619).** Les Carrache. 1 vol. in-8, avec 16 planches hors texte.

ROUSSEL-DESPIERRES (Fr.). **L'idéal esthétique.** 1 vol. in-16.

— **Hors du scepticisme. Liberté et beauté.** 1 vol. in-8.

SÉAILLES (G.), professeur à la Sorbonne. **Essai sur le génie dans l'art.** [illegible] édition. 1 vol. in-8.

SOURIAU (Paul), professeur à l'Université de Nancy. **La beauté rationnelle.** 1 vol. in-8.

— **La suggestion dans l'art.** [illegible] édit. 1 vol. in-8.

STAPFER (P.), professeur honoraire à l'Université de Bordeaux. **Questions esthétiques et religieuses.** 1 vol. in-8.

UDINE (Jean d'). **L'art et le geste.** 1 vol. in-8.

WAYNBAUM (Dr I.). **La physionomie humaine.** 1 vol. in-8.

Coulommiers. — Imp. PAUL BRODARD. — [illegible]